インポスター症候群

本当の自分を見失いかけている人に知ってほしい

Imposter syndrome

メンタルヘルスケア＆マネジメントサロン代表・公認心理師
小高 千枝

法研

はじめに

皆様、こんにちは。メンタルヘルスケア&マネジメントサロン代表・公認心理師の小高千枝です。

「インポスター症候群」と聞いても、まだまだ知らない方が多いと思います。インポスター症候群とは、簡単に言うと「自分の能力や実績を認めることができず、周りから評価されることに対して、騙しているように感じてしまう心理状態」のことですが、このインポスター症候群、私は今の社会において、もっとも広く知られるべきことのひとつではないかと考えています。

今、本当の自分を見失い、苦しい思いをしている人はたくさんいると思います。SNS時代とも言われるほどSNSが社会に普及しましたが、それに伴い、世間に知られていなかった無名の人が、一夜にして大注目を浴びるようなことが、特別なことではなくなりました。それは一見素晴らしいことのようですが、いざ当事者になってみると、状況の変化に気持ちが追いつかず、苦しんでしまうことが珍しくありません。また、以前よりも女性の社会進出が進み、社会的に高い地位に就《つ》く女性が増えてきましたが、高い地位に就くことに対して抵抗感を抱《いだ》き、かえってつらい思いをする人は案外少なくないものです。

こうしたことは、私が普段行っているカウンセリングやセミナーなどから実感していることですが、こうした他人にはなかなか相談しづらい苦しい思いを抱えている人の多くが、インポスター症候群に陥っている可能性があります。

この本では、今ぜひ知っていただきたいインポスター症候群について、基本的な知識から克服法まで、さまざまなことをお伝えしていきます。克服のカギとなる自己肯定感を高めるポイントも盛り込んでいますので、「自分に自信が持てない」――そんな方にも、ぜひご一読いただければと思います。

心が苦しいとつらいと思いますが、その理由がわかれば、対処の仕方が見えてきます。本書がその道標《みちしるべ》になれば、こんなに嬉しいことはありません。

もくじ

Contents

Contents

Contents

Contents

Contents

Contents

Contents

第１部

インポスター症候群の理解

Imposter syndrome

まずは知ることからスタート
インポスター症候群について

みなさんは〝インポスター〟という言葉、何の意味を表しているのかわかりますか？　英語に強い方なら、おわかりかもしれませんが、初耳という方も結構いらっしゃるのではないでしょうか？　まずは、そんなインポスターという言葉を紐解きつつ、インポスター症候群のアウトラインをつかんでいきましょう。

インポスター症候群とは？

■詐欺師症候群・ペテン師症候群とも言われるインポスター症候群

インポスター症候群のインポスターは英語で〝Ｉｍｐｏｓｔｅｒ〟と書き、〝詐欺師〟や〝偽物〟などと訳されます。そのため、インポスター症候群は、〝詐欺師症候群〟や〝ペテン師症候群〟などと言われることもあります。

それでは、詐欺師やペテン師の症候群とはどういうことでしょうか？　もちろん、本物の詐欺師やペテン師のことを指して、インポスター症候群と呼んでいるわけではありません。それなのになぜ、インポスターという言葉が使われるのか、その理由をちょっと考えてみてください。

ヒントは詐欺師の行動にあります。

正解は〃人を騙《だま》す〃です。詐欺師は人を騙しますよね。インポスター症候群では、その人を騙すということを表すために〃インポスター〃という言葉が使われています。

■騙していると思ってしまう心理状態

それにしても〃騙す〃というのはイメージが良くないですよね。「人を騙すなら、インポスター症候群の人って、やっぱり詐欺師なんじゃないの?」と眉《まゆ》を顰《ひそ》めた方もいるかもしれません。

しかし、インポスター症候群の人が、実際に誰かを騙したり、引っ掛けたり、貶《おとし》めたりするわけではありません。実際の行動として、他人に害を加えるわけではないのです。

それなのになぜ、インポスターという言葉が使われるのかというと、それはインポスター症候群の人が、自分の心の中で「人を騙しているような気持ち」になってしまうからです。

本当の自分は違うのに……その感覚が苦しめる

■実際の能力以上に評価されていると思ってしまう

インポスター症候群に陥ると、なぜ人を騙しているように感じてしまうかというと、「自分が思う自分の能力以上に、周りの人が自分の能力を高く評価している」と感じてしまうからです。周りから称賛されても、「本当の自分は違うのに」と感じてしまい、自己評価と他者評価のギャップに苦しむわけです。

なぜそのように感じてしまうかというと、簡単に言ってしまえば、自分に自信が持てなかったり、自分を過小評価してしまったりするからです。

もっとも、「高く評価してくれたら、普通は嬉しいものではないの？」と、ピンとこない方もいらっしゃると思います。そこで、わかりやすくイメージをつかんでいただくために、ひとつ例をあげてみたいと思います。

◆◆◆ こんなとき、どう感じる？

まずはみなさん、自分の特技や長所など、他の人より優れていると思うことを何か思い浮かべてみてください。何でも構いません。運動神経が抜群、ファッションセンスが最高、話がおもしろい、歌が上手、絵が上手、仕事が正確、企画力が秀逸《しゅういつ》……人によって思い浮かぶものは、さまざまだと思います。

思い浮かべたら、今度は次にあげる【Aさんの例】を、みなさんご自身の特技や長所に置き換えて、もし自分がAさんと同じような立場になったらどう思うだろうかと、想像しながら読んでみてください。

【Aさんの例】 世間の注目は突然に

Aさんは歌うことが大好きです。小さい頃から歌を披露するといつも褒められ、それが嬉しくてたまりませんでした。趣味はカラオケで、熱唱することが何よりのストレス解消になります。自分より歌がうまい人がたくさんいることはわかっていましたが、Aさんは自分の歌も満更ではないと思っていました。

そんなAさんは、ある日、SNSに歌唱動画をアップしました。いくら全世界に向けて発信したところで、自分の動画を見て反応してくれるのは、せいぜい友人や知人くらいだろうと思っていましたが、心をこめて歌う姿を一人でも多くの人に見てもらい、何か感じてもらえたら嬉しいと思っていました。

ところが、そんな何の野心もなくアップした動画が、Aさんの運命を変えることになります。たまたまAさんの動画を目にした人気のインフルエンサーが好意的に拡散してくれたことがきっかけとなって、大注目を浴びることになったのです。気がつけば、Aさんは突然、時の人となっていました。

思ってもみなかった展開に、Aさんは嬉しく思いながらも、驚きを隠せませんでした。しかし、その驚きが少しも鎮まることのないうちに、Aさんをさらに驚かせることが起こりました。Aさんの動画を見たテレビ局のディレクターから、番組で歌ってほしいという出演オファーがきたのです。

全国放送で自分の歌を披露できるというのは夢のような話でしたが、Aさんはうまく歌える自信がなく、不安も覚えました。失敗するくらいなら、辞退した方がいいのではないかとも思いましたが、断るにはあまりにも惜しいという気持ちが大きく、悩んだ末に出演することにしました。

そうして当日、Aさんを待っていたのは、それまでに経験したことがない華やかな舞台でした。たくさんのカメラと観客に囲まれながら、画面越しに見るだけの存在だった司会者と言葉を交わし、ガチガチに緊張しながらもAさんは精一杯歌いました。途中ミスもありましたが、一生懸命歌い切ると、大きな拍手と歓声に包まれ、番組終了後にはスタッフから労《ねぎら》いの言葉をかけられました。

世間にどう思われるか、Aさんの期待と不安が入り混じる中、いざ放送されると、Aさんがちょっと天然で癒し系のコメントをしたことが多くの共感を呼び、SNSには番組を見た視聴者の温かいコメントが溢れ、Aさんは一躍トレンド入りしました。家族や友人はもちろん、交流の途絶えていた知人からも祝福や称賛のコメントが殺到し、返事が追いつかないほどになりました。そして、一度人気に火がつくと、続々とオファーが舞い込むようになり、憧れだった一流のアーティストと肩を並べて、音楽番組に出演することも決まりました。

こうしてまったく無名の一般人だったAさんは、あれよあれよという間に、周囲の期待や羨望《せんぼう》を一身に浴びる存在となりました。まるで見えない力に押し上げられるように生活が激変し、生まれ変わった別人のようになりました。


さて、いかがでしょうか？　これは私が作った少し極端な架空の例ですが、みなさんがAさんの立場だったら、どのように感じるでしょうか？

きっと「ラッキー」と思う方や、「やっと時代が自分に追いついてきた！」と喜ぶ方もいらっしゃると思います。もちろん、認められて嬉しく思うのは当然のことです。ずっとそのように嬉しいといったポジティブな感情しか湧き上がってこなければ、インポスター症候群に陥る可能性は低いでしょう。

しかし、最初は嬉しかったとしても、地道に階段を登ったわけでもなく、自分でも自分の実力がよくわかっていないような中で、急にスターダムに押し上げられ、周囲の期待を一身に浴びることになってしまったとき、ずっと嬉しいとだけ思っていられるでしょうか？

あまりの急な変化に気持ちが追いつかず、嬉しいと思う以上に、居心地の悪さみたいなものを感じてしまう人も、少なくないのではないかと思います。

Aさんの例で言えば、

自分はまだこんなすごいところに立てる人間じゃないのに……

本当にこんな所で歌っていて大丈夫なのだろうか？

スターでも何でもないのに、スター扱いされてしまってどうしよう……

すぐに「たいしたことない奴だ」とバレてしまうんじゃないだろうか？

こんなふうに思ったとしても、不思議ではありません。

まるで〝自分〟というものが自分の知らないところで勝手に独り歩きし、それを自分ではコントロールできないような毎日になるわけです。そのことに戸惑いを隠せず、悩んでしまう人も少なくないでしょう。突然降りかかってきた成功に、自信を持てなかったり、不安を覚えたりしても、自然なことだと思います。

■実際に能力があるかどうかは関係ない

こうして自己評価と他者評価のギャップに苦しめば、インポスター症候群に陥ってしまうことになります。

その際、実際本人にどのくらい実力や能力があるかは関係ありません。もちろん客観的に見ても実力が足りず、自分でもそれを認識しており、運だけでスターになれたと思っていたら、周囲から高く評価されることに対して、ギャップを感じやすくなるとは思います。しかし、インポスター症候群に陥るかどうかは、あくまで「自分がどう感じるか」です。

まるで時流に乗り、運だけでスターになったと思われるような状況だったとしても、評価を得るに値するだけの力が十分にあり、大きく羽ばたくことは必然だったということもあり得ます。

しかし、いくら客観的に見て本物の力があったとしても、本人が自分のことを評価できず、自信を持てなければ、「過大評価されている」「この成功は自分の実力でつかんだものではない」といった気持ちを抱いてしまうことになります。そうして、「本当の自分は違う」「周りの人を騙しているみたい」と心苦しく感じてしまうわけです。


インポスター症候群の心理状態について、少しはイメージが湧いてきたでしょうか？　成功している人を見ると、羨《うらや》ましく思ってしまうかもしれませんが、成功しているように見えるからといって、他人が羨むほど、その人が内面まで充実しているとは限らないわけです。

●高い業績をあげている女性が陥るものとして注目された

■インポスター症候群の概念が初めて報告されたのは1978年

私はこれまでセミナーや講演などで、何度もインポスター症候群についてお話ししてきましたが、そうしたとき、私がお話しをする前から、インポスター症候群について知っている人がいることは、あまり多くありません。初めて知る人がほとんどです。今こうして、この本を読んでくださっているみなさんの中にも、こうした概念があることを知らなかった人は、少なからずいらっしゃると思います。

もっとも、インポスター症候群という概念が、まだあまり知られていないからといって、最近提唱されたというわけではありません。インポスター症候群について初めて報告されたのは、今からもう40年以上も前のことになります。

遡《さかのぼ》ること1978年、二人の心理学者ポーリン・R・クランス博士とスザンヌ・A・アイムス博士が〝The imposter phenomenon in high achieving women〟という論文を発表し、ここで初めてインポスター症候群の概念が報告されました。

■社会的に成功している女性を調査

この論文では、二人の博士が社会的に成功している150人以上の女性を、5年間に渡って調査した結果がまとめられています。

そこで明らかにされたことは、学問で高い成績をおさめていたり、専門分野で卓越した業績をあげていたり、同僚から尊敬されていたりする女性が、自分自身のことを知的であるとは考えておらず、周囲を騙しているような気がしていることや、成功したという感覚を持っていないということでした。そして、こうした現象のことを〝インポスター〟と表現しました。

■自分を詐欺師のように感じてしまう2つのグループ

ポーリン・R・クランス博士とスザンヌ・A・アイムス博士は、自分を詐欺師のように感じてしまう女性には2つのグループがあるとし、それぞれが育ってきた環境について言及しています。

ひとつのグループは「家族から知的であるとみなされている兄弟や近親者がいる女性」です。

こうした女性は、彼女と比較したときに、兄弟や近親者の方が学校の成績などが劣っていたとしても、家族は兄弟や近親者の方を知的であるとみなし、そうした中で育っていきます。そのため、優れた成績をあげることで、教師から称賛を得られ、自分自身そのパフォーマンスに満足していたとしても、家族には認めてもらえません。彼女は家族を認めさせたいと思いますが、実は家族の方が正しく、自分には知性がないのではないかと疑うようにもなってしまいます。そうして、周囲の人から本当に自分が高い評価を得られているのか、疑問を抱くようになってしまうのです。

もうひとつのグループは、「知性、性格、外見、才能などあらゆる点で優れていることを家族から伝えられてきた女性」です。

こうした女性は、たとえば幼児の非常に早い段階で、話したり読んだりすることができるなど、優れた力を発揮します。そうすると、家族の目からは完璧に見えるため、称賛を受けながら育っていきます。しかし、やがて成長するにつれて、自分がやりたいことでも、うまくできないことがあるということを経験するようになります。

それでも、家族の期待には応える義務があると思いますが、その一方で、その期待に応えるために、苦労して結果を出し続けることが難しいと感じるようになります。彼女がそうした現実に直面しても、両親は無差別に彼女のことを称賛しますので、彼女はそんな両親の認識を疑うようになるとともに、自分自身のことについても疑うようになります。

学校でいい成績をあげるためには、勉強するしかありませんが、たとえば両親が「頭のいい人は勉強しなくても、いい成績が取れる」と思っていたとすると、その基準を満たしていない自分のことを愚かだと思うようになってしまいます。そのため、両親の前では勉強している素振りを見せずに、陰で努力をすることでいい成績をあげたりします。そうすることで、両親のことは騙すことができたと思いますが、同時に心の中で、自分が偽物であるということを痛感してしまうのです。

●海外では多くのセレブリティがインポスター症候群を告白

■女性が高い評価を受けることが当たり前になっても……

ポーリン・R・クランス博士とスザンヌ・A・アイムス博士によって、インポスター症候群の概念が初めて報告された1970年代といえば、現在とは比べ物にならないくらい、女性の社会進出が進んでいない時代でした。高い地位に就いていたり、素晴らしい業績をあげていたりする女性は、まだまだ珍しい存在でしたので、「出る杭《くい》は打たれる」のことわざのように、社会的に成功した女性が、自分のことを肯定しにくい世の中だったと思います。

しかし、そういった社会的な状況がインポスター症候群に陥る女性を生み出していたのかというと、必ずしもそうとは言えません。なぜなら、その後時代が変化し、女性の社会進出が進んでも、インポスター症候群に陥る女性がいなくなることはなかったからです。

■女性の社会進出を阻むことにも繋がるインポスター症候群

現在は1970年代に比べたら、女性の社会進出がかなり進んだと思います。もちろん、まだ女性が活躍しにくい部分はたくさん残されています。私が2019年にフランスに出張したときには、仕事でご一緒した社会的に高い地位にある女性から次のように言われました。それは今でも印象に残っています。

フランスも表向きは男女平等を打ち出していて、フランスの女性は強いと言われているけど実際は違う。やはり男性の方が強いし、パフォーマンス的に女性が表に出てきている。それはヨーロッパでも同じ。

確かに、今でもパフォーマンス的な見せかけの男女平等を演出していると感じることはよくあります。

それでも、〝#MeToo運動〟が世界的に広がっていったように、女性が声を上げる動きも増えてきました。日本でもまだまだ不十分なところもありますが、たとえば育児休暇などを見ても、ひと昔前に比べたら取得しやすくなってきたように思います。少なくとも、女性が活躍して社会的に高い評価を得ることが珍しいとまでは言えなくなってきたでしょう。

そのように時代が変わっても、インポスター症候群に陥る女性は変わることなく存在しています。それどころか、現代的な問題として、むしろ注目されるようになってきています。

持続可能な開発目標として、今世界的に注目されている〝SDGs〟の目標のひとつとして、「ジェンダー平等の実現」が掲げられていることは、ご存じの方も多いと思いますが、これからますます女性が活躍する社会を実現していくことが求められている中で、インポスター症候群は女性の社会進出を阻《はば》むものとして、注目されるようになっているのです。

■インポスター症候群であることを告白しているセレブリティはたくさんいる

またインポスター症候群は、日本ではそれほど知られていませんが、海外では多くの著名人がインポスター症候群で苦しんでいることを告白しています。

よく知られているのは、2008年に当時のフェイスブックの最高執行責任者に就任したシェリル・サンドバーグさんです。会社組織の中で地位が高くなればなるほど、その成功や業績を「自分の実力でつかんだもの」と信じることができない心理状態になりやすいため、成功を収めた実業家はインポスター症候群に陥りやすい環境にあるといえますが、シェリル・サンドバーグさんが

2013年に刊行した著書『LEAN IN』の中で、ご自身にインポスター症候群の傾向があることが触れられています。そして、この世界的にベストセラーとなった本の中で、インポスター症候群が触れられたことによって、インポスター症候群はより広く知られるようになり、注目されるようになったとも言われています。

また実業家同様、周りから見て「成功している」と思われるような一定の地位や立場にある人は、その自分の地位や立場について意識させられることが多くなるため、自分の力でつかんだものと思えなくなりがちな環境にあります。そのため、誰もが羨むようなセレブリティが、実はインポスター症候群で苦しんでいたという例は、決して珍しいものではありません。

よく知られているところでは、エマ・ワトソンさん、ジェシカ・アルバさん、ナタリー・ポートマンさんといった錚々《そうそう》たる大女優のほか、元アメリカ大統領夫人であり、弁護士としても輝かしいキャリアを持つミシェル・オバマさんも、インポスター症候群を経験したことを告白しています。

自分がインポスター症候群だと感じる人はたくさんいる

■生涯に少なくとも一度はインポスター症候群を経験する人は70%

私がセミナーや講演で、インポスター症候群についてお話しすると、「私、インポスター症候群かもしれない……」と言われる方がたくさんいらっしゃいます。ここまで読んできて、「自分もちょっと当てはまるかもしれない……」と思った方も、きっと大勢いらっしゃるのではないでしょうか？

でも、それもそのはず。そう思ったとしても「当然」くらいに思ってください。なぜなら、「生涯に少なくとも一度はインポスター症候群を経験する人は70%に及ぶ」という研究報告もあるほどなのです。感じ方の大きさや深さは人それぞれだと思いますが、7割の人が経験するとしたら、とても身近なものと言えると思います。

■女性の方が陥りやすいものの、女性だけが陥るわけではない

先ほど「インポスター症候群は、女性の社会進出を阻むものとしても注目されている」とお伝えしたように、性別で見ると、女性の方が男性よりもインポスター症候群に陥りやすいと考えられています。

インポスター症候群は、もともと女性のプロフェッショナルを対象にした研究から生まれた概念ですし、認知心理学の研究によると、成功や失敗への反応には明確な男女差があると言われています。すなわち、男性の場合、成功は自分の能力や才能、努力などの個人的な要素に結びつけ、失敗は外部のせいにしがちなのに対して、女性の場合、成功はタイミングや運のお陰とし、失敗は個人的な欠点が原因であると考えやすいと言われています。

もっとも言うまでもなく、何をどう感じるか、それを決めるのは性別ではありません。人それぞれに感じ方があります。男性でもインポスター症候群に陥る方はたくさんいます。女性に限定されるわけではありませんので、「自分も当てはまるかも……」と思った男性の方も心配なさらないでください。

■湧き上がってくる感情を抑圧することなく認めよう

今インポスター症候群で苦しんでいる方もいらっしゃると思います。また、この本を読んで初めて、ご自身にインポスター症候群の傾向があることに気づく方もいらっしゃると思います。

自分が「インポスター症候群であるかもしれない」と思うと、いろいろな感情が湧いてくることでしょう。

それはたとえば、こんな感情かもしれません。

「怖い」「どうしよう」――――不安、抵抗、恐怖
「申し訳ない」「恥ずかしい」――――当惑、罪の意識
「そうだと思っていた」――――納得、承認
「それなら仕方がない」――――諦め
「〇〇のせいでこうなった」――――他人を責める気持ち
「私がこうだからこうなったんだ」――――自分を責める気持ち

こうした感情が湧いてきた方にお伝えしたいのは、それは当たり前のことであり、そのときに大切なのは、それを「認める」ということです。自分自身の感覚や認識を抑圧しないで、まずは認めるようにしましょう。そうして、その感覚をどうするべきか冷静に具体的に考えていただければと思います。すぐに解決を求めるのではなく、要因や理由を見つめるところから始めることが大切です。そのためのヒントをこれからご紹介していきますので、インポスター症候群への理解を深め、克服に繋げていっていただければと思います。

また、何よりお伝えしておきたいのは、傍目《はため》には自信満々に見えて、輝いているように見えるセレブリティでも、内心では同じように苦しい思いをしている人が案外いるということです。「自分だけ」と思うと苦しいことでも、「仲間がいる」とわかると、それが心の支えになったりするものです。「あんなすごそうな人でも、同じインポスター症候群なんだ」と思えば、少しは心が軽くなりませんか？「自分だけじゃないんだ」と思うことで、少しでも気持ちを楽にしていただければと思います。

【まとめ】ここまでの内容を簡単にまとめてみましょう

インポスター症候群とは、自分のことを信じることができず、自信がなくなってしまい、周りの評価とのギャップに苦しんだり、実力のなさがバレてしまうのではないかと、不安に苛《さいな》まれたりする心理状態のことです。初めて提唱されたのは1978年で、日本ではまだあまり知られていませんが、海外ではインポスター症候群で苦しんだ経験を告白しているセレブリティがたくさんいます。

SNS時代の落とし穴
SNSはインポスター症候群にも大きく影響

インポスター症候群は、日本ではまだあまりよく知られていないため、インポスター症候群に陥っていても、そのことをわかっていない方もいると思います。特に今はSNSが全盛の時代ですが、私はSNSによってインポスター症候群への陥りやすさが加速されているように思います。

インポスター症候群に陥りやすいSNS時代

■インポスター症候群に陥るのに、成功の大きさは関係がない

ここまでお伝えしてきたとおり、インポスター症候群は周りから評価されることに対して、「自分は周りが思うほどの評価に値しない」と思ってしまう心理状態なので、何かしら〝成功している〟と思われるような人が陥るものです。

たとえば、人気俳優、大物芸能人、有名スポーツ選手、ベストセラー作家、旬のコメンテーター、売れっ子ミュージシャンといったメディアでよく目にする人は〝成功している人〟というイメージが湧きやすいでしょう。また、医師や弁護士、大学教授といった職業に就いている人や、大企業の社長、人気店の経営者といった人も〝成功している人〟と思われる方が多いのではないかと思います。

しかし、そうした〝異論を挟《はさ》む余地が生じにくい成功〟をしている人でなくても、本人にとって「ステップアップした」と感じられるような出来事があれば、インポスター症候群に陥る可能性はあります。

・会社で役職に就く
・プロジェクトリーダーに抜擢される
・チームのキャプテンに任命される

たとえば、こうした〝その人なりのステップアップ〟をした人も、インポスター症候群に陥ることは十分あります。

こうした変化に対して、どう感じるかは人それぞれです。新たなポジションをイキイキと全《まっと》うする人も多いでしょう。でも中には、周囲の過度な期待を感じて困惑してしまう人や、分不相応《ぶんふそうおう》な役割を担うことになったと憂鬱《ゆううつ》になってしまう人もいます。また、最初のうちはやりがいを感じて前向きに取り組めていても、うまくいかなくて悩んでいるうちに後向きになり、「自分はこんな役目をこなせるような人間ではない」と感じてしまう人もいます。

■ステップアップを感じる機会は簡単には訪れにくい

もっとも、どんなステップアップにせよ、毎日暮らしている中で、ステップアップを感じるような機会は、そう簡単に訪れるものではありません。

既にお伝えしたとおり、インポスター症候群は、もともと高い業績をあげた女性に見られる現象として報告されたものですが、〝高い業績をあげる〟となると、限られた人しか該当しないものです。

また、高い業績というほど大きなものではなく、自分が所属している集団の中で〝少し立場が上がる〟といったことでも、インポスター症候群に陥ることはありますが、会社で出世をするにしても、通常は数年に一度といったペースになるはずです。〝毎年役職が上がる〟といったことがあるとしたら、かなり稀《まれ》なケースと言えるでしょう。

■SNSの普及によってチャンスの芽をつかみやすくなった

このように、これまではステップアップを感じる機会は簡単には訪れにくいのが一般的でしたが、私はそれがSNSが普及したことによって一変したように思います。

今ではSNSを活用することによって、誰でも手軽に、自分で自分を売り出すことができるようになりました。世間的にまったく名前が知られていない方でも、SNSを使いこなすことによって、一躍フォロワー何十万人、何百万人という人気者になり、あっという間に世に知られる存在になることが可能になったのです。

もちろん、SNSを活用したからといって、そうした成功が簡単に手に入るわけではありません。成功するためには、洞察力、企画力、センス、努力、運といったさまざまな要素が必要になってくるでしょう。

しかし、SNSが普及するまでは、有名になるためのチャンスの芽を見つけることすら難しい状況だったのが、今は少なくとも、チャンスをつかむために動き出すことなら、誰でもできるようになりました。実際にステップアップに繋がるかは別にして、ステップアップにチャレンジすることなら、誰でも簡単にできる時代になったのです。

その差は大きいと思います。何のチャンスも見つけられなければ、会社に就職したり、お店で働いたりする以外に選択肢がなく、大きな注目を浴びることもないまま、地道に暮らしていくだけだったかもしれません。それが、ＳＮＳで人気に火がつくことによって有名人となり、うまくいけば、それで生計を立てることも夢ではなくなりました。いわゆるインフルエンサーと呼ばれる方が、社会に大きな影響をもたらすようになったことは、多くの方が実感されていることでしょう。

それは人生の可能性を広げるという意味では、素晴らしいことだと思います。しかしそれと同時に、成功をつかみやすくなったことで、これまで以上にインポスター症候群に陥りやすい社会になったとも思います。

SNSの普及により簡単に立場が押し上げられるようになった

■インポスター症候群にも影響をもたらすSNS

SNSがこれだけ普及し、暮らしに定着するようになると、その功罪について、みなさんいろいろ感じられると思います。

私もTwitterやFacebookを利用していますが、自分が思うことや感じることを、手軽に発信できるようになったことは、素晴らしいことだと思います。リアルに生活しているだけでは、触れ合うはずがない世界中の人たちと交流できることも、SNSならではの素晴らしさです。情報を入手するのにもSNSは役に立ちますし、何より「楽しい」と思って使っている方もたくさんいることでしょう。SNSが社会の発展に大きく貢献していることは間違いないと思います。

一方、SNSへの依存や中毒性といった問題をはじめ、SNSのネガティブな面も、たびたび指摘されているところです。中でも、匿名で行われる誹謗中傷は、相手を追い詰め、メンタルヘルスに多大な悪影響を及ぼすものとして、社会問題にもなっています。

そんなSNSですが、私は先ほど申し上げた〝成功をつかみやすくしてくれるツール〟という面だけでなく、〝成功のつかみ方〟という面でも、インポスター症候群への陥りやすさを加速させるものだと思います。

自分が「なりたい」「つかみたい」と思っている夢が叶《かな》えば、これほど嬉しいことはないでしょう。SNSによって夢を叶えるチャンスが広がるのなら、それは素晴らしいことだと思います。

しかし、SNSの世界では、見えない力のようなものにグッと押し上げられて、一気に有名になることがよく起こります。そのように、一気に成功を手に入れると、得てして自分を見失ってしまうことになり、インポスター症候群に陥ってしまうことが珍しくないのです。

■力を尽くした感覚がないと、自分の力でつかんだという実感が湧きにくい

働いたことのある方は、初めてお給料をいただいたときのことを思い出してみてください。どんなふうに感じましたか？

嬉しかったという方がほとんどだと思いますが、その〝嬉しい〟という気持ちの中には、こんな感覚もなかったでしょうか？

このお金は自分の力で手にしたものだ！

言ってみれば達成感です。初めて働けば、慣れないことの連続で、失敗や苦労もあったと思います。でも、その甲斐あって報酬を得ることができたわけです。ひと際大きな達成感を得られた方が、多かったのではないでしょうか。

それと同じように、自分が行ってきたことや積み重ねてきたことが功を奏《そう》して、地位や名声を得られると、「これは自分の力で手にしたものだ」という実感が湧くものです。

また、学校に通っていた頃のことを思い出してみてください。宿題を出されましたよね。学生の方なら、今まさに宿題が出されているかもしれません。

宿題に対しては、嫌なイメージを持っている方も少なくないと思いますが、宿題が出されれば、面倒だと思っても自分で取り組まれたと思います。でも、中には〝他の人に解いてもらった〟という方もいるのではないでしょうか。また、〝周りにそういう人がいた〟という方もいるのではないかと思います。

この〝自分で宿題をやる〟のと〝他人に宿題をやってもらう〟の差、みなさんはどう思いますか？

宿題の一番の目的とも言える〝学力を身につける〟という面で差が生じるのは当然として、私は精神面で生まれる差にも、大きなものがあると思います。

仮に親が全部宿題を代わりにやってくれたら、楽はできるかもしれません。宿題に費やす時間を遊ぶことに使えたら、その瞬間は気分がいいでしょう。しかし、自分で宿題を終わらせれば「終わった！」「片付けた！」といった達成感を得られるものですが、親が代わりにやってくれても「自分の力でやった」という感覚は得られません。

このように親や上司など、誰か他の人がすべてお膳立てをしてくれて、そのレールの上を忠実に歩くことで何かを成し遂げても、達成感は得られにくいものです。「自分で力を尽くした」という感覚があってこそ、達成感や充実感も湧いてくるものです。その積み重ねが自信を持つことにも繋がります。

逆に言えば、「それに値するだけのことをやった」という感覚がないまま手に入ったものに対しては、心から受け入れられなかったり、どこか偽物という感覚を持ってしまったりするものです。

■SNSでは急激な変化が起こりやすい

SNSではこうした「自分で力を尽くした」という感覚がないまま、見えない力のようなものに一気に押し上げられて有名になることが起こりがちです。

SNSには何がきっかけで注目されるかわからない面があり、一度注目を集めると、それが爆発的な勢いで広がっていくことがあります。

そのため、周りから見たら成功を収めているように見えても、本人には、そこまでの達成感や充実感がないことも珍しくありません。当事者にしてみれば、何が何だかよくわからないまま有名になっても、いまひとつ満たされないというわけです。

こうしたSNSで爆発的に注目されてしまうときの感覚を、より実感していただくために、ここでひとつ私の経験談をお話ししてみたいと思います。


以前、あるテレビ番組にレギュラー出演していた頃のことです。当時、私は既にTwitterを始めていました。もっとも多くのユーザーがそうであるように、そこまで積極的に使っていたわけでもなく、何気ない日常を漫然《まんぜん》と呟《つぶや》いているだけでした。特に大きな反響を得るツイートをするわけでもない一般的なユーザーだったと思いますが、ある日、深い意味もなくただツイートしたことが、予想もしない事態を招いてしまうことになります。

そのツイート自体は、親戚の子供を応援する気持ちから発した何気ないものでした。しかし、怖いものです。それを当時私がレギュラー出演していたテレビ番組の裏事情を呟いていると、出演者のファンの方に深読みされてしまったのです。

小高は何か裏のことを知っているに違いない。直接言えないから、こんなツイートをすることで間接的に伝えているのだ。

ざっくり言うと、このように勘ぐられてしまいました。今思えば「そういった視点でも見られるんだ」と思わなくもありませんが、まったくの的外れです。でも、火がつくのに信憑性《しんぴょうせい》があるかないかなんて関係ないんですね。

この何の根拠もない推測が、一気に拡散してしまいました。私は期せずして、SNSで大注目を浴びてしまうことになったのです。

当初、私は何も知らずに過ごしていました。友人から「今、話題になっているけど、何かしたの？」と連絡をもらって、初めて自分が渦中《かちゅう》の人になっていることを知ったのですが、あのときのことは、今でもよく覚えています。

何気ないツイートに対して、見たこともないほどの反応が返ってきているのを目《ま》の当たりにしたときは、愕然《がくぜん》としました。いわゆる〝炎上〟をしたわけではなかったのですが、事実でないことがまるで真実のように語られ、憶測《おくそく》が憶測を呼び、話がどんどん膨《ふく》らんでいくのです。

まさかそんなことになるとは、夢にも思いませんでした、焦燥感のようなものに駆り立てられ、胸が締め付けられる思いがしました。

しかし、そうなってしまうと、できることは何もないと思いました。「ここまで騒ぎが大きくなってしまうと、何か言っても火に油を注ぐようなもの。しばらくしたら鎮静化《ちんせいか》するだろうから、事態を見守るしかない」と思い、黙ってやり過ごすことしかできませんでした。

実際、嵐は数日で去っていきましたが、予測不能な注目を突然浴びてしまったその数日間は、恐怖を覚えたものです。

■SNSで火がついた人気はインポスター症候群に陥りやすい

私の身に起こったことは、必ずしも一般的ではないと思いますが、このようにSNSでは何かのきっかけで一気に話題となり、注目を集めることがしばしば起こります。

そのため、たとえば〝本人としては軽いノリで始めたに過ぎないSNSが、周りの友達が盛り上げてくれたことで、本人の意思や行動とはかけ離れたところで注目を集め、有名人になる〟といったことも起こり得ることです。

そんなとき、本人はどう感じるでしょうか?

SNSをやっているのであれば、いい反応が返ってくることは、本来、嬉しいはずです。しかし、それも程度問題です。自分が想定するよりも遥《はる》かに多い反応が返ってくると、多くのユーザーは嬉しいというよりも、戸惑いの方が強くなってしまうと思います。自分ではよくわからない、見えない力のようなものに押し上げられても、どこか不気味に感じ、注目を浴びれば浴びるほど、たとえば次のような心境になってしまうわけです。

自分では何もしていないのに……
これは本当の自分がつかんだものではない……
こんなにフォロワーが増えても、みんなを騙しているだけじゃないか?
運が良かっただけで、すぐに見向きもされなくなってしまうのではないか?

●なぜSNSによってインポスター症候群に陥りやすくなるか

■一気に有名になること以外にもいくつか理由がある

SNSを使って有名になることで、なぜインポスター症候群に陥りやすくなってしまうのか、イメージが膨らんできたのではないかと思いますが、その理由は一気に有名になることだけではありません。他にもいくつか考えられますので、ここから掘り下げていきたいと思います。

【その他の理由1】偽りの自分を演じ続けなければならない

● 自分を演じていることに疲れてしまう

まずひとつの理由としては、「SNSの中の自分を演じ続けなければならないことに疲れてしまう」ということがあげられます。

ありのままの自分を発信して人気を得られればいいのですが、注目を集めたいがために、SNS上では本当の自分と違う自分を演じてしまうことも、珍しいことではありません。そんな偽りの自分を演じることに対し、注目を集めたいと必死にやっていたときは、それほど違和感を覚えないかもしれませんが、いざ注目を集めると、話が変わってきます。なぜなら、その偽りの姿しか知らない人は、偽りの自分を本当の自分と思って接してくるからです。

本当の自分はそんなんじゃないのに……
ただ演じているだけなんだよ……

心の中でいくらそう思っても、そう思わせたのは他ならぬ自分です。「本当の自分は違う」と強く思っても、「人気が出たのは、偽りの自分を演じたからこそ」と思えば、簡単には止められません。人気が大きくなればなるほど、手放すことが難しくなります。一定の人気を得れば、スポンサーがつくこともあります。そうなると、自分ひとりの問題ではなくなってしまいます。内心では「全然違う!」と思っても、演技を続けていかざるを得ないわけです。

本当の気持ちを隠して動画をアップ

実際、私は公認心理師やメンタルカウンセラーという立場で、これまで何回か著名なインフルエンサーの方たちのイベントに参加したことがありますが、本当の自分とのギャップに苦しんでいる方を何人も見てきました。

たとえば、二人一組のカップルでインフルエンサーになっている方がいらっしゃいますよね。カップル二人の仲睦《なかむつ》まじい様子の配信などを行って、人気を得ているわけですが、みなさんご自身に置き換えて考えてみてください。

パートナーの方と、ケンカひとつしませんか？

何の不満もなく、いわゆるラブラブな状態をキープできていますか？

もちろん、運命の人と出会って、何の不満もないという方もいらっしゃると思います。それは素敵なことです。でも、多くの方は何らかの不満はあっても、それも含めて相手を受け入れているのではないかと思います。

それが恋愛の現実だと思いますが、カップルの動画を見て楽しみたいと思う方にしてみれば、そうした現実よりも、幸せそうな二人の姿を見たいと思うのが自然な感情でしょう。友達の恋バナだったら、愚痴のひとつでも聞いてあげるでしょうが、わざわざ自分が選択して視聴するものには、ドラマや映画のラブストーリーのように、非日常的なロマンを求める人が多いと思います。

そのため、配信するカップルも、基本的には幸せそうにしている二人の動画をアップしたりしますが、その動画を撮影した裏では、「実は大ゲンカをしていた」ということだってあるわけです。長く一緒にいるうちに、だんだん気持ちが冷めていくことだってあるかもしれませんが、それでも動画の中では、いかにも熱愛中のお似合いのカップルを演じなければいけません。

そうした無理を続けていると、心がどんどん疲れていきます。それでも、月に1本配信する程度のペースなら、「これは仕事だ」くらいに割り切ることで、気持ちを切り替えることができるかもしれません。しかし、週に何本も配信していたら、そうもいきません。お互いがお互いに対する違和感や不信感を払拭《ふっしょく》できないまま、次々とコンテンツを作成していくような毎日が続いていきます。

それでも別々に暮らしていれば、まだ気持ちを切り替えられるかもしれませんが、一緒に暮らしていたら、気持ちの逃げ場がどこにもありません。

SNSは自発的に取り組むものなので、本来なら自分たちのペースで取り組めばいいことですし、途中で止めてしまってもいいはずです。しかし、目の前のコンテンツを仕上げることに追われていると、止めるタイミングもわからなくなっていきます。それでなくても、ファンの期待に応えることには重圧があるのに、「実はそこまで仲良くないんです」とファンの期待を裏切るようなことを告げるのも勇気がいることです。ある程度人気が出てくると、スタッフがついたり、スポンサーがついたりすることもあります。そうなると二人だけの問題ではなくなり、ますます止められなくなります。

そうしているうちに、ファンの方から「仲のいい二人を見ていると幸せな気持ちになります」「いつまでもラブラブな二人は最高です」「お似合いの二人をこれからも応援しています」といったコメントをもらっても、最初は嬉しかったはずなのに、重荷に感じられるようになってしまいます。

そうして、心がクタクタに疲れてしまっても、カメラの前では笑顔で幸せそうな自分を演じ続け、そんなことが続いていくうちに、たとえば、次のような心境になってしまうわけです。

もう、どうしていいかわからない……
いつまでこんなことを続けるんだろう……
大好きだったのに嫌いになってしまいそう……
本当はこんなに仲良くないのに、騙しているみたい……

【その他の理由2】リアルな自分とのギャップが自分を否定的にしてしまう

●リアルな場面でも同じようにうまくできない

ＳＮＳを通して人気が出た場合、「リアルな自分とＳＮＳ上の自分にギャップがあることで、自分を否定的に捉えてしまう」ということも、インポスター症候群に陥りやすくなってしまう理由のひとつです。

たとえば、カメラの前で一人で話をする分には、自分を上手に演出して、おもしろくすることができても、リアルに人とコミュニケーションをはかるのは苦手で、対面で接したときには、おもしろくないという人もいます。そうした人が、実際に誰かと対面で接するとき、自分のつまらなさを痛感してしまい、自信をなくしてしまうことがあります。

たとえば、相手はSNSを見て〝おもしろい人〟と認識しているため、褒めるような気持ちで「〇〇さんって、本当におもしろいですよね！」と言ってきたりしますが、リアルな会話が苦手だと、SNSの中の自分と同じような気の利いたことが言えません。そうして「この人、実はおもしろくないんだな」と思われてしまったのではないかと不安になったり、「どうせ本当の自分はつまらないし……」と自己嫌悪に陥ったりするわけです。

そのためSNSの世界では成功し、社会的に見て高い地位にのぼったような気がしても、「リアルな自分の生活レベルはそこまで高くない」とか、「リアルな自分はおもしろくない」といった気持ちになってしまいます。

【その他の理由3】人気を維持しようと必死になっているうちに自分を見失う

●必死になっているうちに自分の生活がつまらなくなってしまう

もうひとつ、SNSで人気が出たときによく見られることに、「人気を維持しようと必死になり、自分を見失ってしまう」ということがあります。これもインポスター症候群に陥りやすくなってしまう理由のひとつです。

ＳＮＳを始めた最初の頃は、投稿することもたくさんあって困らないかもしれません。しかし、ファンに喜んでもらう投稿を続けていくのは大変です。

もちろん、ある程度有名になると、嫌々でもやらざるを得ない面はあると思います。芸能関係の友人の中にも、職業柄ＳＮＳを続けているものの「本当はしんどいときもあるんだよね……」と言っている人もいます。ＳＮＳを続けていても、「実は楽しくない」と思っている方も大勢いるのが現実でしょう。

その面倒臭さを自覚している分には、まだＳＮＳに飲み込まれているわけではないので、自分を見失ってはいないかもしれません。しかし、せっかく手に入れた人気を失うことが怖いために、「やらなければいけない」と何かに強制されるように必死になってやっていると、視野がどんどん狭くなっていき、自分を見失ってしまいます。ファンの期待に応えるための材料探しばかりしているような毎日では、肝心の自分の生活は、つまらなくなる一方です。

■本人にとって胸躍るようなことがあれば、人気の大きさは関係ない

こうしたことは、世間に広く知られるような人気を得ることに限らず、〝限られた関係性の中で注目を集める〟といったことでも起こることです。ＳＮＳを続けていると、他人が見たときにどう思うかは別にして、本人にしてみれば、心が浮き立つような経験をすることが、比較的簡単に起こります。

たとえば、こんなケースを想像してみてください。

育児が落ち着いた専業主婦の方が、自分の時間が取りやすくなったため、趣味について発信するＴｗｉｔｔｅｒを始めました。フォロワー数はごく僅《わず》かで、ツイートに〝いいね〟が付くこともほとんどありませんでしたが、ある日ツイートしたことが注目を集め、１００以上の〝いいね〟が付くことになり、初めて見ず知らずの人から称賛のコメントも寄せられました。

さて、こんなことがあったとき、どう感じるでしょうか？

自分が発信したことに対して、好意的な反応が返ってくるのは嬉しいものです。ささやかな反応でも満足していたのが、驚くほど〝いいね〟が付き、見ず知らずの人から称賛のコメントまで寄せられたら、舞い上がってしまっても不思議ではありません。もちろん、多少舞い上がるくらいであればいいのですが、それをきっかけにのめり込むようになると、あっという間に、人気を維持したいと必死になっている人と同じ状態になりかねないわけです。

■人は楽しいことの方に引っ張られていく

安易に繋がれるSNS上の繋がりは、表面的な繋がりであることが否めません。ある程度人生経験を積み、リアルな世界で人と接してくれば、人と人との信頼関係は、そう簡単に築けるものではないことが、わかっているはずです。ところが、ある程度の年齢になって急にちやほやされるような経験をすると、リアルな世界で経験してきた人間関係本来の面倒臭さを忘れ、「世の中にはこんなすごい世界があるんだ」と思ってしまうことがあります。年齢を重ねてくると、心と体が凝り固まって、何かを変えることが難しくなります。そうした中で、突然〝いいね〟をたくさんもらうといった体験をすると、SNSの画面以外にリアルな世界があることが、見えにくくなってしまうのです。

人はどうしても、楽しいことの方に引っ張られていきがちです。リアルな世界では簡単にかけてもらえることのなかった褒め言葉が、SNSの世界ではいとも簡単に降りかかってくるとなれば、そちらに気持ちが動いてしまうのも、無理のないことかもしれません。

■現実を受け止められずに依存していく

しかし、ずっと称賛を受け続けるのは大変です。また、最初は少しの称賛で新鮮さや嬉しさを感じられたとしても、続けていくうちに、少しくらいの称賛は当たり前にしか感じられなくなってしまいます。そのとき、現実を受け止めて、平穏だった元の日々に戻れればいいのですが、一度心が浮き立つ日々を過ごしてしまうと、刺激の少ない日々を物足りなく感じてしまうかもしれません。

そうして、称賛を受ける投稿を続けるためのネタ探しに腐心《ふしん》するようになったり、称賛を得たいがために、フォローする人をどんどん増やしたり、いろいろな人にコメントしたりするようになると、SNSへの依存の始まりです。気がつけば「SNSに追われて一日が終わる」といったことになりかねません。本当の自分を表現するつもりで始めたSNSによって、結果的に本当の自分がどんどん薄れていってしまうわけです。

等身大の自分とかけ離れた成長は不一致を生み出す

■急な成長は等身大の自分との不一致を生じさせる

SNSを通じて人気が出たときに、インポスター症候群に陥りやすくなってしまう理由が伝わったのではないかと思いますが、いずれの場合も、その根本には「本当の自分との不一致が生じることによって、等身大の自分を見失ってしまう」ということがあります。

誰でも、現在の自分より、より良い自分になりたいものだと思います。そうした上昇志向は、人を成長させるうえで必要なものですし、人が成長するからこそ、社会も発展するものだと思います。ですので、成長すること自体は必要なことだと思いますが、自分が想定するペースを遥かに凌《しの》ぐようなペースで成長してしまうと、得てして等身大の自分を見失ってしまうことになり、どこか歯車が狂ってしまうものです。

前向きに何かに取り組んでいるとき、自分なりにがんばっていれば、少しの成長を感じるだけでも満足できるはずです。ところが、何をしたわけでもないのに、「気がついたら2ステップぐらい上がっていた」という場合、本来それは大きな成長と言えるものですが、その大きさに等しい満足感が得られるかというと、案外得られなかったりするものです。

仮に棚ぼたでも、望んでいたものが手に入れば、あえて自分から下がろうとか、下げようとは思わないでしょう。せっかく転がり込んできたものを「維持しよう」と思うのが自然だと思いますが、そうすると、もともと自分が大事にしたいと思っていた本質的なところではないものを、大切にするようになっていきます。

たとえば、初めは「たとえ一人でも動画を見て、評価してくれる人がいてくれたらいい」と思っていたのが、いつの間にか「もっとおもしろい動画をあげて、広告収入を維持しなければならない」と思うようになるわけです。

そのように視点が変わっていく中で、2ステップ上がった「特別な自分でいなくてはいけない」という思いを抱えながら、2ステップ上がった自分に対して、「本当は自分はまだそのレベルに達していない」という気持ちも抱えることになり、〝等身大の自分〟と〝世間から見られる自分〟との間に、不一致が生じることになります。言ってみれば、〝ずっと背伸びをしている状態〟が続いていきますので、気持ちが安定せず、疲れてしまいます。そのため「維持したい」と思う気持ちも虚《むな》しく、維持することができなくなって、休んでしまうこともあります。

■場違いの感覚が心を疲れさせる

不思議なもので、人はそのステージに応じて、出会う人が変わったりするものです。仮に2ステップ上がったら、2ステップ上がったところにいる人と出会うようになりますので、それまで付き合ってきた人とは違うタイプの人とも知り合うようになります。

すると、そうした新しい関係性の中での自分と、それまで生きてきた等身大の自分との間にも、しばしば不一致が生じるものです。

例をあげて考えてみましょう。

どんなことでも構いませんので、みなさんが暮らしている中で、〝2ステップくらいレベルが上がったところにいる自分〟を想像してみてください。たとえば、会社勤めの若手社員の方なら「部長が集まる会議のメンバーになった」ということでもいいですし、料理が上手な方なら「超一流の料理人と一緒に厨房で料理を作ることになった」ということでも構いません。

ここでは一例として、「スポーツが好きな方が、プロのチームの選手たちと一緒にプレーすることになった」と仮定してみましょう。プロ顔負けの実力を持つアマチュアの方なら別として、技術的にはとてもプロに及ばないという方が、プロの選手に混じって一緒にプレーすることになったとき、どんなことを感じるでしょうか？　自分の身に置き換えて、想像してみてください。

周りはみんなメディアを通して見てきた選手たちです。目の前で見るとその技術の高さが一層際立ちます。そうした中で、自分が技術的に劣っていることを認識しても、ネガティブな感情を抱くことなく、堂々とプレーできるようなら、いわゆる〝強いメンタル〟の持ち主と言えるでしょう。

でも、多くの方は、そんな状況だと気後《きおく》れしてしまうのではないでしょうか。

そうして、周りの選手と同じようにプレーできないのに、自分がその場にいることに対して「場違いなところにいる」と思われてしまうのではないかと思います。

もちろん、いきなりプロに混じるというのは極端な例かもしれませんが、そこまでいかなくても、急に2ステップくらい上がった人の中に混じると、自分が「場違いなところにいる」という感覚に陥るのは、よくあることです。その場にすんなり馴染《なじ》めるかというと、その人のキャラクター次第という面はありますが、案外難しいことだと思います。

■限られた時間だけ演じるのであればいいが……

そうした「自分には場違いだ」と思うところに身を置いていると、たいていの人は居心地が悪く、疲れてしまうものです。そこに馴染むどころか、上のレベルを見せつけられることによって、自信を失ってしまうこともあります。

ここでまた、私の経験談をお話ししてみましょう。

私は仕事柄、企業の経営者をはじめ、いろいろな方に面識を賜《たまわ》る機会があり、そこから友人・知人が増えていくことが、よくあります。そのため、数年前、新型コロナウイルスが猛威を振るう以前は、さまざまな方から食事のお誘いをいただくことがありました。

当時はほぼ毎日のように会食をしていましたが、そうした約束のひとつとして、ある日、友人から食事に誘われました。聡明《そうめい》さや女性らしさが溢れる素敵な人で、話しているといつも魅力を感じさせてくれる友人でしたので、私としては楽しく食事ができると思っていました。

ところが、いざ行ってみたら、まったく違う展開が待っていました。その食事会は、若いアイドルがたくさん参加している食事会だったのです。

事前には何も聞かされていなかったので、本当に驚きました。何の心構えもなく、いつもの気持ちで扉を開けたら、予想もしない世界に飛び込んでしまったのです。最初からそのつもりだったら、「今日は演じる日」と割り切って臨むこともできました。しかし、まったくそんなつもりがなかったため、すぐには気持ちを切り替えることもできませんでした。私がテレビ番組で心理分析をしていたことから、着いた早々、レクリエーション的に「心理分析をしてほしい！」とか「何が見える？」などと言われましたが、出会ってすぐの人の何がわかるわけもなく、非常に困惑しました。

それでも、友人の顔を潰《つぶ》すわけにはいかないと思い、楽しんでいるふうを演じるように努めましたが、内心では信じていた友人を信用できなくなるような気持ちも芽生え、簡単に割り切ることはできませんでした。仕事が忙しくて、昼も夜もなく働いているようなときだったので、「こんなに疲れているのに、なぜまたこんなに疲れることをやっているのだろう」とも思いましたし、その場が盛り上がれば盛り上がるほど、うまく振舞えない自分に対して、自己嫌悪のような感情も覚えました。

このように「なぜ、自分はこんなところにいるんだろう？」というような気持ちになったことがある方は、結構いらっしゃるのではないかと思います。

もっとも、そうした「場違いなところにいる」という感覚になるのが一時のこと――たとえば2時間の宴会を我慢すればいいということなら、「生きていれば、こんなこともある」くらいに受け流せるのではないかと思います。私もそのときは気持ちが萎《な》えましたが、終わってしまえば、引きずることなく自分を取り戻すことができました。

■ひとつずつステップアップしていくことが理想的

しかし、そうした急激な環境の変化に見舞われ、窮屈な思いで過ごさなければならない中に身を置き続けていると、確実に心の元気が奪われていきます。

もちろん、レベルが上がったところに急に身を置くことになったからといって、誰もが元気をなくしてしまうわけではありません。最初からうまく適応できる方もいるでしょうし、最初は苦労してもうまく順応し、しばらくしたらそのポジションが板につく方もいるでしょう。

でも、うまく適応できない人にとって、急激なステップアップは決して望ましいものではありません。心の安定を考えれば、緩やかにステップアップしていく方が、望ましいことは間違いありません。

一歩ずつ階段をのぼるように環境が変わっていく分には、そこまで極端に人間関係が変わることもありません。たとえば、会社組織で言えば、係長が取締役の会議のメンバーになることは、普通はないと思います。まずは係長の会議に参加し、課長に昇進したら課長の会議に参加し、その次は部長の会議に参加し、そうやって実績を積んでいって、ようやく取締役の会議に参加するようになります。そのように地道にステップアップしていく分には、「急に場違いなところに放り込まれた」と思うようなことは起こりにくいですし、常に等身大の自分を感じながら成長していくことができるでしょう。

もちろん、思いもしないチャンスが舞い込んできたのに、わざわざそのポジションを捨てて、地道に成長しようとするのは、なかなかできないことだと思います。ですので、急な成長に見舞われたとき、それを受け入れるのはいいのですが、急に上がったレベルを維持したいがために、地に足がついていないような状態で、場違いなところに溶け込もうと必死に努力しても、結局は自信を失ってしまうだけで終わるかもしれません。そうした危険性があることを認識しておき、自分を見失わないように、自分を客観視することを心掛けておくことが大切です。

簡単に手に入るものは簡単に離れていく

■SNSでは簡単に人間関係を構築できる

SNSがもたらすインポスター症候群への影響について、だいぶお伝えすることができたと思いますが、SNSがこれだけ浸透している中で、私はもうひとつ肝《きも》に銘《めい》じておいた方がいいと思っていることがあります。

それは「簡単に手に入るものは、簡単に離れていく」ということです。

SNSを利用したことがある方なら、おわかりかと思いますが、SNSでは簡単に誰かと繋がることができます。それは刺激のあることかもしれません。しかし、リアルな世界で築く人間関係に比べると、その関係性は脆《もろ》いものです。簡単に繋がれると、簡単に解消もできるからです。

簡単に手に入ると、簡単に捨てやすくなるのは、人の習性かもしれませんが、摂食障害の方を例に見ると、より実感しやすいかもしれません。

摂食障害を引き起こす原因は、親子関係にあることが多いものの、その背景はさまざまで一概には言えません。ただ〝食べたものを戻してしまう〟ということに関して言えば、「簡単に買うことができ、簡単に食べることができるから、簡単に戻すこともできる」ということが言えます。

たとえば、コンビニで大量に食べ物を買ってきて、それをバァーと食べては戻してしまったりしますが、これがもし、自分で料理をして、自分で好きな器に盛って、テーブルセッティングをしてゆっくり食べたら、そう簡単には戻したりしないものです。手間暇かけたものは、大事にするからです。

■脆い関係性であることを忘れがちになる

簡単に手に入ったものほど、手放すことを惜しむ気持ちが薄れるということは、みなさんも思い当たるのではないかと思いますが、夢中になっていると、そのことを忘れてしまったりするものです。SNSをやっていると、特にそういったことが起こりがちです。

たとえば、たまたまSNSで繋がった人が、いつも好意的な反応を示してくれたとします。すると、相手のことをよく知らなくても、いつの間にか〝いい人〟というイメージを膨らませてしまったりすることがあります。そうしてすっかり信頼している中で、あるとき何の反応も返ってこなかったりすると、たとえば、次のようにヤキモキしてしまうわけです。

いつもはすぐに〝いいね〟をしてくれるのに、どうしたんだろう？
なんか気に障《さわ》ることでもしたかな？
何か反応してよ……

もしかしたら、相手は飽きてしまって、「もういいや」とあっけなく関係性を解消してしまったのかもしれません。自分が思うほどの信頼関係は築けていなかったのかもしれませんが、ＳＮＳでしか繋がっていなければ、その真意はわかりません。

そもそもＳＮＳの世界では、相手の本名すらわからないことも普通のことです。まして住所や電話番号といったプライバシーに関わることは知らないことの方が普通です。ちょっとした気分で関係を断ったところで「何の支障もない」と考えたとしても、不思議ではありません。夢中になっていると、そうした当たり前のことを忘れてしまいがちになります。

■簡単に手に入れられることが依存傾向を強めていく

好意的に思っていた人に去られると、寂しい気持ちになると思います。そこでその痛みを受け止め、適度な距離を保つように、冷静になれればいいのですが、SNSでは一度繋がった人と切れてしまっても、また別の人と簡単に繋がることができ、寂しい気持ちを簡単に埋めることができます。もしかしたら、新しく繋がった人は、去っていった人以上に好ましい反応を返してくれるかもしれません。その新しい関係だって、すぐにでも壊れてしまいかねないものですが、仮に壊れても、そのときはまた別の新しい人を探せばいいわけです。

このようにSNSの世界では、手に入ったものを失っても、それに代わる新しいものを簡単に手に入れることができるため、常に自分にとっての心地良さを求めることができます。そのため、依存するようになってしまうことも珍しくありません。しかし、そうした脆い関係性の中で得られたものは、自分の中でも、どこか偽物という感覚があり、いくらそうしたものに支えられても、いまひとつ自信を持てなかったりするものです。

簡単に繋がれることが一概に悪いとは思いません。本当の自分を理解していて、そこに立ち帰ってあげるような意識を持っていれば、その場限り楽しく過ごすのも悪いことではないと思います。しかし、そこに依存し、そこが完全に居場所になってしまうと、心のバランスも崩していきます。

●面倒なことを回避しやすくなったことの影響

■リアルな面倒臭い人間関係が減ってきた

最後に、これはSNSが普及したことと直接的には関係ないかもしれませんが、私が日頃行っているカウンセリングやセミナーなどを通じて、今の社会全般に対して感じていることを、いくつかお伝えしておきます。

今の時代〝距離感をつかめない人〟が増えてきているのではないかと思います。もちろん、多くの人が人間関係に悩みを抱えるものです。それがストレスの原因にもなるわけですが、人間関係のリアルな面倒臭い部分を避けやすい社会になったことで、コミュニケーションを磨く機会が減り、人との距離感をうまくつかめない人が増えることにもなったのではないかと思います。

メールやLINEの利便性は疑う余地がありませんが、コミュニケーションの手段として文字を使うことが増えた分、対人でのコミュニケーションの機会は昔に比べてグッと減りました。同じフロアで机を並べて仕事をしていても、直接会話をしないで、メールでやりとりするといったことも、しばしば耳にするほどです。

■嫌なことを回避しやすくなった

また、距離感がつかめない人が増えてきたことに加えて、今は嫌なことを回避しやすい世の中にもなってきたと思います。

たとえば、いわゆる〝飲みニケーション〟は、昔は嫌々でも参加せざるを得ないところがありました。それが今はハラスメント対策の観点から、そもそも「誘いにくい」という声をよく聞きますし、誘われたとしても、昔よりは断りやすい空気が社会全体に広がってきているように思います。

もちろん、嫌々参加するものを断りやすくなったことは、いいことだと思います。コンプライアンスを遵守したり、プライバシーを尊重したりするのも素晴らしいことです。ただ、そうしたことが積み重なって、今では「そこまで嫌がらなくてもいいのではないか」と思えるようなことに対してまで、回避しようとする傾向があるように思います。

一生嫌なことに対処する必要が生じないのなら、どんな些細なことでも「嫌なことはすべて回避する」という姿勢でいいのかもしれません。しかし、生きていれば、そうもいかないと思います。いつか壁にぶつかることがわかっているなら、必要以上に嫌なことを回避せず、たとえば、「大勢の人の前で話すことは苦手なので、プレゼンをするのが嫌」といったことであれば、あえてそれに挑み、経験値をあげていくことも、悪いことではないのではないかと思います。最初はうまく対処できなくても、若いうちなら、サポートしてくれる年輩者がいるかもしれません。しかし、ある程度の年齢になってから初めて壁にぶつかっても、手を差し伸べてくれる人がいないかもしれません。

ことわざにあるように「若いときの苦労は買ってでもせよ」とまでは言いません。「人前で話すことが心底嫌い」というなら、避けてもいいと思います。しかし、嫌だからといって何でも避けてしまうのが、本当に自分にとってプラスなのかということは、一度考えてみていただければと思います。そして、もし「このくらいのことならチャレンジしてみてもいいかな……」と思えたら、トライしてみていただければと思います。

■嫌なことは長い目や大きな目で捉えたい

もっとも、そうは言っても、嫌なものを避けたいと思うのは自然な感情です。そこに果敢《かかん》にチャレンジするのは勇気がいることです。

カウンセリングのときはもちろん、セミナーや講演会などをやらせていただくと、私もいろいろな悩みの相談を受けます。そんなとき、私はよく「嫌なことを〝長い目〟や〝大きな目〟で見る」ということをお伝えしています。

嫌なことや苦手なことにトライしなければならなくなったときは、その時間を「人生」という大きなスケールの中のひとコマとして捉えてみるのです。長い人生の中の「ほんの30分とか1時間」と考え、とりあえずその時間を我慢すれば、「別の未来が開ける」と考えるようにすれば、目の前の嫌なことから少し視点がズレていくはずです。

今は「人生100年時代」と言われています。仮にその中の1時間と思えば、そこまで重く感じられないのではないでしょうか？

■依存傾向のある人が増えてきた

それからもうひとつ、私が今の社会全般に対して感じていることに、〝依存傾向のある人が増えてきた〟ということがあります。

私はこれまでモラハラ（モラル・ハラスメント）やDV（ドメスティック・バイオレンス）に苦しむ女性の支援に積極的に取り組んできました。モラハラやDVが引き起こされる背景はさまざまで、一概には言えませんが、その根っこには往々にして依存があります。

誰だって嫌なことがなければ、それだけ居心地のいい空間にいられることになります。しかし、人と触れ合うと、どうしても不本意なことが生じます。そのため、嫌なことを避けたいと思えば、余計な人との関わりを極力避けた小さな空間になりがちです。そんな中で自分のテリトリーに入ってきた人は、ある意味とても貴重な人になるため「絶対に失いたくない」という気持ちが強くなります。そうした心理が恋人や配偶者といったパートナーへの依存に繋がり、人によってはモラハラやDV、ストーカー被害といった問題を引き起こします。

コロナ禍で外出を自粛するようになったとき、家で過ごす時間が増えたことで、モラハラやDVが増えたと言われましたが、モラハラやDVは、世間に広く認知されるようになったことで、露見《ろけん》しにくいように行う加害者も増えています。以前よりも表面化しにくくなってきている中で、モラハラやDVが増加しているのであれば、実際には表面化しているよりも何倍も多くの方が、モラハラやDVで苦しんでいるのだろうと思います。

それはとても嘆《なげ》かわしいことですが、こうした背景には、依存傾向のある人が増えてきたことが、無関係ではないと思います。

■時代に振り回されないように自分をしっかりと持とう

SNSが普及する前は、自分の力とは関係なく、急に社会の注目を浴びるようなポジションにつくことは、たとえば、「タレントが事務所の力で一気にスターになる」といった限られたケースしか当てはまりませんでした。それが今ではSNSを駆使《くし》することによって、誰でものし上がれる可能性のある社会となりました。

そうした影響もあるのか、私は今の世の中、世間的に特別な存在になることを〝成功〟と思っている人が多いように思います。それを否定するわけではありません。それが日々のモチベーションに繋がるならいいことだと思いますが、〝自分〟というものをきちんと持たずに、特別になることばかりに捉われていると、見えない力にブルンブルン振り回されてしまうだけだと思います。確かに、一歩抜きん出た存在になろうと思ったら、どうしても振り回されてしまうところはあると思います。しかし、少なくとも振り回されていることを自覚して「絶対あそこに着地する」といった信念を持つなり、その手を自ら振りほどいて「自分から着地する」といった強い意志を持つなりしないと、振り回されるだけ振り回され、飽きられたらポンと飛ばされて、終わってしまうだけです。

人間関係の面倒臭い部分であるリアルなコミュニケーションを避けやすくなり、人との距離感がつかみにくくなる一方で、心を許せる相手には依存してしまう傾向のある人が増えてきたこんな時代だからこそ、〝自分〟というものをしっかりと持つことが、心の健康を維持するうえで大切なことです。変化のスピードが速い情報化社会の中で、どんな環境の変化があっても「自分を見失わない」ということを心掛けておくことが大切です。

【まとめ】ここまでの内容を簡単にまとめてみましょう

自分の力で手にしたという実感がなく、見えない力に押し上げられるように一気に注目を浴びてしまうと、等身大の自分との不一致が生じることになり、インポスター症候群に陥りやすくなります。ＳＮＳを利用していると、そういったことが特に起こりがちですので、心の元気を失っているように感じられたら、自分を見失っていないか冷静に振り返り、自分を客観視してみましょう。

どうなってしまう？
インポスター症候群の状態を知る

インポスター症候群に陥ると、自己肯定感が弱くなり、自分のことを信じられない心理状態になります。〝自己肯定感〟や〝自信〟は、インポスター症候群を理解し、克服するうえでのキーワードと言えるものですが、ここからインポスター症候群に陥ったときの心理状態について、掘り下げていきたいと思います。

インポスター症候群に陥ってしまったとき

■自己肯定感が弱くなり、自信がなくなる

自己肯定感とは、読んで字のごとく、〝自分を肯定できる感情〟のことです。インポスター症候群に陥ると、自己肯定感が弱くなりますので、自分の存在に意義を感じることや、自分を好きと思う気持ちが弱くなり、自分自身に満足する気持ちも薄れ、自信もなくなってしまいます。

そうしたインポスター症候群に陥ってしまったときの心理状態を説明していくにあたり、まずはインポスター症候群に陥ったときに、よく見られがちなことを〝思考編〟と〝行動編〟に分けてあげてみたいと思います。

どのくらい当てはまることがあるか、チェックしてみてください。

インポスター症候群に陥ったときに見られがちなこと

【思考編】

- 人から褒められても素直に喜べない
- 周りからの期待が増えていくことに恐怖を感じてしまう
- 今の自分のポジションは、実力よりも運でつかんだものだと思う
- 今のポジションが崩れてしまうのではないかと不安に感じる
- 自分のことを、たいしたことのない人間だと思う
- 自分が無能だとバレたらどうしようという恐怖感がある
- いつも偽りの自分を演じているような意識がある
- 人とのコミュニケーションや自分の考え方に自信がない
- 何か任せられると「○○さんの方がうまくできるのに」と思う
- 毎日が全然楽しく感じられない

【行動編】

- 自分の能力が偽物と思われたくないため、一生懸命取り組む
- 自分の中のエネルギーが低下していて、やる気が起きない
- 何か頼られそうな状況になるのを避けようとする
- 褒められると居心地が悪く、否定することを言ってしまう
- 人と関わることが面倒臭い
- 期待されることが怖くなって、能力や知性をあえて隠そうとする
- 大勢の人がいる場面だと発言できなくても1対1だと話せる
- 限界と思いながらも、自分に鞭《むち》打ってギリギリ対応している
- 好きだったことに意欲的に取り組めなくなっている
- 自分の考えより、相手にとっての正解を言うようにしてしまう

【解説】

いかがでしたでしょうか？　インポスター症候群に陥ってしまったときに見られがちなことを、思考と行動に分けて10項目ずつあげてみました。当てはまることが多ければ多いほど、インポスター症候群に陥っている可能性が高いと思います。

もっとも、当てはまることが多いからといって、必ずしもインポスター症候群に陥っているとは限りません。というのも、詳しくは後ほどお伝えしますが、インポスター症候群は精神疾患ではなく、診断基準のようなものがありません。そのため残念ながら、明確に判断できる指標のようなものをお示しすることができません。

ここでは、インポスター症候群をよりイメージしていただきやすくなるように、私の心理カウンセラーとしての経験などから、「インポスター症候群に陥っていると思われる方には、こんなことがよく見られる」と思うことをピックアップしています。

常に不安の塊のようなものが、のしかかっている状態

■何とかギリギリ対応できているような毎日になる

自己肯定感が弱くなり、自信がなくなってしまうことは、インポスター症候群の特徴と言えることですが、仮に些細なことでも、嫌なことが降りかかってくると、それがきっかけとなって暗い気持ちになり、「自分なんてダメだ……」と思ったり、「自信ないな……」と思ったりしてしまうことは、誰にでもあることだと思います。

自分に対する周りの大きな期待を感じると、それがプレッシャーとなって憂鬱になったり、自信を持てなくなったりするのも普通のことです。また、新しいことにチャレンジしなければならないとき、自信が持てず、不安になってしまうことも、多くの方が経験していることでしょう。

そのように自分を信じられない状態に陥るのが、一時的なことであればいいのですが、インポスター症候群に陥ると、常に自信がなくなってしまい、自信を取り戻すこともできない状態が続いてしまいます。

しかも多くの場合、そうした自信のないことや、苦しい思いを抱えていることが、周りに伝わっているわけではないので、周りからは期待されたりしているものです。そのため、たとえば会社勤めをしている方であれば、やりがいのある仕事や難しい仕事が回ってくることもあります。

そうすると、本人としては「もう無理かもしれない」といった苦しい思いを抱えながらも、自分に鞭打って何とかこなしていきます。そうして懸命にがんばることで、結果を残すことはできるかもしれませんが、それによって周りの人からいい言葉をかけられたり、称賛の言葉を浴びたりしても、素直に受け止めることができません。喜ぶどころか、悲観的に捉えてしまったり、何か裏があるんじゃないかと勘ぐってしまったりすることもあります。

これ以上、期待されたらどうしよう……
もう限界。次もうまくできるかわからない……
そんなレベルの人間ではないのに、こんなに認めてもらって申し訳ない。

たとえば、こんなふうに捉えてしまいます。しかし、そうした苦しい心理状態でも、周りから期待されていることを感じると、その期待には応えないといけないと思います。また、「本当はたいしたことのない人間だと、周りのみんなにバレてしまうのが怖い」「自信がないことがバレたら、がっかりさせてしまうだろう」などと思えば、心とは裏腹に表面的には明るく振舞ったり、無理した自分を演じたりして、周囲にはわかられないようにすることもあります。

そうして、その場その場を取り繕うことで、何とかギリギリ対応することはできたとしても、心の疲労はどんどん溜まっていきます。そのため、自分の中のエネルギーがどんどん低下していくような感じになり、毎日がまったく楽しくなくなります。

■自己肯定感が弱く、自分の能力を信じられない

こうした心理状態で過ごす日々は、「常に不安や恐怖の塊《かたまり》のようなものが、のしかかっている状態」ではないかと思います。

イメージしやすいように、会社で働いている人を例に、考えてみましょう。

仕事をしていれば、スポーツ選手のようにわかりやすく個人の能力の差が現れるわけではないにしても、どうしても能力の差は出てきてしまうものです。それが多くの場合、昇進や昇格といった形で反映されます。もちろん、昇進や昇格には能力以外の要素が絡むこともあり、必ずしも仕事の能力の差だけで決まるものではないと思いますが、一般的に早く出世する人は、優秀な人が多いと思います。

しかし、たとえば仕事が正確で、周りの評判も良く、誰から見ても有能という人が昇進しても、その人がインポスター症候群に陥っている場合、本人は自分の昇進が当然とは思えません。客観的に見れば、適切な評価で昇進しているように思えても、本人としては次のように思ってしまいます。

たまたま運が良かっただけ。
周りの人がよくやってくれたから。
自分なんかより、もっと適任の人がいる。

こんなふうに思いながら仕事をするのはつらく、しんどいだろうと思います。管理職にでもなれば、部下や同僚、外部スタッフ、取引先など、さまざまな場面で、さまざまな人から判断を求められることがあると思います。仮に部長にでもなれば、「会社全体の方向性を踏まえつつ、部としてどうしていかなければならないか」といった高度な判断を求められることもあるでしょう。それに十分応えられる能力を持っていたとしても、本人は自分の能力に自信がないわけです。

そのため、周りから判断を仰《あお》がれることに対して、精神的に大きな負担を感じます。もちろん、判断を仰がれて負担を感じることは、一定のポジションに就く方なら、誰でも経験することだと思います。しかし、インポスター症候群に陥っていると、根底に「自分にそんな力はないのに、やらなくてはいけない」という気持ちがあるので、一層大きな負担を感じます。

責任重大だ。どうしよう……
本当に自分の判断で大丈夫なのだろうか？
自分よりも適切な判断をしてくれる人がいるのに……
もしかしたら、間違った判断をしているのではないだろうか？

何か判断をくだすたびに、こんなふうに大きな負担を感じてしまうとしたら、つらいと思います。

■リセットしたいと思っても逃れることができない

そうした苦しい胸の内をわかってもらえていれば、まだいいのかもしれませんが、先ほども申し上げたとおり、インポスター症候群に陥るような方は、周りからは期待されていることが多いものです。そのため、称賛の言葉をかけられたりしますが、周りの人から「さすが○○さんですね」などと言われてしまうと「全然そんなことない」「期待されても苦しい」といった本心を言いづらくなります。また、「自分なんて、たいしたことないです」といった否定的な言葉を口にしたとしても、「謙虚《けんきょ》な人だ」「謙遜《けんそん》している」などと受け取られるだけで、周りの人が本気にしないということもあります。

期待される役割をこなすことが重荷で「リセットしたい」と思っても、しがらみや重圧から逃れることができず、かといって、その役割を演じ続けていっても「本当はたいしたことのない人間だと、いつかバレてしまうのではないか」といった不安を抱えることになり、大変苦しい思いをするわけです。

■自信がないことに臨まなくてはいけないと不安を覚える

こうした心理状態をよりイメージしやすいように、ひとつ例を出してみましょう。

みなさん、スピーチをするときのことを想像してみてください。友人の結婚式とか、会社で表彰されたときとか、何かの機会で人前で挨拶をすることがあると思います。

そのとき「このくらいの人数の前なら、無理なくスピーチできる」という人数を思い浮かべてみてください。10人が限度という方もいれば、100人でも大丈夫という方もいるでしょう。

さて、何人くらいなら大丈夫でしょうか？

思い浮かべたら次に、その人数を遥かに上回る人数の前でスピーチすることになったときのことを想像してみてください。スピーチが得意な方もいると思いますが、経験したことがないほどの視線が集まる中で、スピーチすることを想像してみていただければと思います。

さて、何人くらいでしょうか？

ここでは「10人くらいなら大丈夫」と仮定してみましょう。
では、そんな方が「大きなホールで壇上に立ち、200人の前でスピーチすることになった」としたら、どんなことを感じるでしょうか？

きちんと話せるだろうか？
声が震えてしまわないだろうか？
大失敗してしまうかもしれない……
頭が真っ白になって、言葉が出てこなくなったらどうしよう……

こんなふうに不安を感じても、不思議ではないですよね。自分が対処できると思える20倍の人数です。もちろん、「どんな大人数の前でも大丈夫。むしろ楽しみ」という方もいると思いますので、人によるのは大前提ですが、規模が大きくなればなるほど、プレッシャーも増し、不安に押しつぶされそうになる方が多いと思います。人はうまくできる自信がないことに臨まなくてはいけないとき、不安を覚えるものです。スピーチが決まってから本番を迎えるまでの間、いつもどこかに不安があり、気が晴れなくなっても無理はありません。

もっとも、それが「ある日一度だけ大人数の前でスピーチをする」といった一過性のことで済むなら、心身の不調を覚えるまでには至らない方がほとんどでしょう。終わるまでは不安でも、必ず終わりは来ます。よほどの大失敗でもすれば、それが心の傷になるようなことはあるかもしれませんが、終わってしまえば、元の落ち着いた状態に戻れると思います。

しかし、これが極端な話「これから10年間、毎週1万人の前で話さないといけない」となったら、どうでしょうか？

経験していくうちに、いずれは慣れるかもしれません。しかし、10人くらいなら何とか大丈夫と思える人が、毎週1万人の前で話さなくてはいけなくなったら、たいていの人は途方に暮れてしまうのではないでしょうか。しかも終わりが見えず、逃れられないとなれば、少なくとも当面は不安に苛《さいな》まれる日々を過ごすことになるのは避けられないでしょう。常に不安や恐怖の塊のようなものが、のしかかっている状態になるのではないかと思います。

インポスター症候群に陥ったときの苦しさは、こんな感じをイメージしていただければと思います。もちろん、苦しさの度合いは人それぞれですが、うまくできるかどうかわからない自分の役割を、永続的に果たしていかなければならないわけですから、自己肯定感を高く保つことは難しいですし、自分に自信を持つことも難しいわけです。

■周りから成功していると見られるような環境は変えにくい

インポスター症候群に陥るには、周りから〝成功した〟と見られるような環境に身を置くことが、ひとつの大きな要因となりますが、自分の置かれている環境を変えるのは、簡単にできることではありません。

たとえば、会社で課長になったことがインポスター症候群に陥る大きな原因になったとしても、会社を辞めるとか、不祥事を起こして降格するとか、重圧に耐えかねて休職するとか、何か大きなことがないと、課長というポジションが変わることはないでしょう。一般的に立場が上になればなるほど、簡単には環境を変えにくくなると思いますが、それはインポスター症候群の心理状態からも抜け出しづらくなることを意味しています。

多くの場合、そうした苦しい心理状態が長く続くと、そのうちどこかで「もう本当に無理……」となってしまい、隠していた胸の内を吐露《とろ》して終わらせたり、逃げ出したり、うつ病といった心の病に進んだり、何らかの次の変化が訪れると思います。

しかし、一個人レベルだったら、「もう無理だから止めます」と本人の気持ちひとつで終わらせることができるかもしれませんが、たとえば、何百億円という規模の仕事に携わるトップの人にでもなると、周りに与える影響が大きすぎて、終わるに終わらせられなくなることもあります。レベルが上がれば上がるほど、抱えるものも大きくなりますので、逃れることが難しくなります。そのため、誰から見ても輝いているように見える人が、傍目《はため》にはわからない苦しさを抱えていることもあるわけです。

● 本心から自分を肯定することができない

■否定的な言葉を発する背景もいろいろある

インポスター症候群に陥っていると、自分を否定的に捉えてしまいますので、何か人から褒められたときに、「たいしたことないです……」といった否定的な言葉を口にすることがあります。

そんなとき、何も知らない人にしてみれば、その人に「謙虚な人」といった印象を持つかもしれません。しかし、インポスター症候群に陥っているために、そうした否定的な言葉を口にする場合は、謙遜する気持ちで否定的なことを言っているわけではなく、本心からそう思って言っています。

確かに、日本では謙遜が美徳と捉えられる風土がありますので、内心「満更ではない」と思っていても、謙遜する気持ちが働いて、持ち上げられたときに、やんわりと否定的な言葉を返すこともあると思います。集団の中で目立つと、風当たりも強くなりがちですが、謙遜しておければ、波風が立ちにくいものです。心の中では嬉しく思っていても、処世術として謙遜することが身についている方もたくさんいることでしょう。

性格的に引っ込み思案なために「私なんて……」「僕なんて……」といった言葉を口にする場合もあると思いますし、向上心の塊のような方だと「自分はもっとできる」という思いや、「これで満足しているようではダメだ」という思いがあるために、相手が称賛してくれることに対して、「たいしたことない」と否定することもあると思います。

また、あらかじめハードルを下げておいて、クリアできなかったときの予防線を張っておきたいために、否定的なことを言うケースもあると思います。特に慎重なタイプの方は、できないことで相手の期待を裏切ってしまうと心苦しくなるために、あらかじめ否定的なことを言いがちです。

その他にも、「自分が発する否定的な言葉を否定して、持ち上げてほしい」

という気持ちから、否定的な言葉を自ら発する人もいます。たとえば、「自分なんかに、こんなことはできません……」と口にするものの、本心では「そんなことないよ。君ならできるよ」といった応援の言葉をかけてもらいたくて、あえて否定的なことを言ってみるわけです。

■謙遜しているわけではなく本心から思っている

このように否定的な言葉を発する背景はいろいろ考えられますが、インポスター症候群に陥っている方が「自分なんか、たいしたことない」といった言葉を口にする場合は、本心からそう思って言っています。そこは今あげた例とは違うところです。今あげた例では、称賛や評価を肯定的に受け入れる気持ちはありますが、インポスター症候群に陥っている場合は、褒められることに対して、嬉しく思う気持ちがゼロではないかもしれませんが、どちらかというと重荷に感じる気持ちの方が強くなります。

●こんなサインがあったら注意

■インポスター症候群のサイン

インポスター症候群は心の不調のひとつと言えるものですが、たとえば「大失敗をしてしまった」「上司に怒られた」「家族と喧嘩をした」「大切な人との別れがあった」「失恋をした」など、心の元気がなくなってしまう理由には、さまざまなことが考えられます。そうした出来事に対して、どんな反応が出るかは人それぞれで、そのときのコンディションも大きく影響すると思いますが、知らず知らずのうちに疲労が溜まっているような場合、自分では心の元気がなくなっていることに気がつかないこともあります。

そこで、「こんなサインがあったら、インポスター症候群に要注意」と思われることを10項目あげてみますので、チェックしてみてください。

気をつけたいサイン

- 好きなことに意欲的に取り組めなくなってきた
- 日常的に普通にできていたことが、しんどくなってきた
- 褒められることが面倒臭くなってきた
- 人に会うのが億劫になったり、人を信じられなくなったりしてきた
- 自分自身のことを信じられなくなってきた
- 食欲がなくなったり、逆に過食になったり、食行動に変化がある
- 体の不調が出ている
- 寝つきが悪かったり、悪夢を見たり、不眠に悩まされたりする
- 目の前のことに追い込まれているような気がする
- すべてを捨てて逃げ出したいと思っても、それができない

【解説】

いかがでしたでしょうか？　先ほどもお伝えしたとおり、インポスター症候群には確立された診断基準などがないため、「いくつ当てはまったら注意」といったわかりやすい指標をお示しすることはできませんが、ここにあげたようなことが、いくつか当てはまるようなら、何らかの心の不調のサインが出ていると考えた方がいいと思います。

もちろん、ここであげたようなことが当てはまるからといって、必ずしもSOSのサインが出ているというわけではありません。たとえば「人に会うのが億劫」だとしても、「もともと人見知りで、人に会うのが苦手」ということであれば、それは単に〝性格的なもの〟ということかもしれません。

しかし、人と会うことが好きで、積極的に会っていたのに、「最近、人と会うのが面倒臭くなってきた」というように、それまでとは違う変化が見られる場合は、心の疲労が影響している可能性があります。

元気がなくなったり、体の弱いところに不調が出たりする

■エネルギー量が低下していく感じになる

インポスター症候群に陥ると、心の元気がなくなっていき、自分の中のエネルギー量が低下していくような感じになります。そのため、いろいろなことが億劫に感じられるようになり、好きだったことに対しても、意欲的に取り組めなくなります。

たとえば、「美容に対する意識が高かったのに関心が薄れ、身だしなみに気を配れなくなってきた」という変化が見られるとき、「子育てに忙しいから」「結婚したから」「年だから」といった何らかの理由があって関心が薄れたのならいいのですが、そういった意識が変わるような理由がなく、好きだったことに意欲的に取り組めなくなったら要注意です。また、以前は人から褒められる

と嬉しかったのに、それが面倒臭くなって、人と会うのが億劫になったり、食べることが好きだったのに、美味しく感じなくなって、食への興味が薄れたり、何かを隠すかのように過食になったりしたら、注意した方がいいでしょう。

それほど大それたことでなくても、日常的に普通に行っていたことができなくなったり、しんどく感じてきたりしたら、心の疲労のサインと思った方がいいと思います。

■体の弱いところに出る

また、〝心身〟という言葉があるように、心と体は連動しているため、心が沈んでくると、それが体の不調となって現れることもよくあります。

特に睡眠は影響を受けやすく、寝つきが悪くなったり、早朝に覚醒《かくせい》してしまったり、悪夢を見てしまったりすることがあります。もっとも、心の不調が体の不調として現れるのは睡眠に限ったことではありません。心が弱ってくると、往々にして、自分の体の弱いところに影響が出てきます。

これは私の経験談ですが、独立開業した頃は、経営をどう軌道に乗せるかという問題を抱える中で、テレビをはじめ各種メディアに取り上げていただいている状況でした。生活環境が激変し、見えない力のようなものにグッと押し上げられるような毎日で、今思うとインポスター症候群気味だったと思います。

その影響がもろに体にも出ました。私の場合は、それが〝めまい〟や〝吐き気〟で、倒れてしまったこともありました。しかし、精密検査を受けても悪いところは見られず、精神的な不調が体の不調を引き起こしたようでした。

元気なときに不調を覚えても、「ちょっと疲れただけかな」みたいに思うこともあると思います。しかし、そうした不調が度々訪れるようなら、その繰り返しの波をメモなどしておき、そのときの心境と合わせて把握しておくといいと思います。たとえば、女性なら生理周期に合わせてなる可能性もあります。それなら心の不調は関係ないかもしれません。でも、特に思い当たることがなく、順調なはずのときに体の不調を感じるようなら、何らかの異変のサインかもしれません。少し休むなど、何らかの対処をするように心掛けましょう。

インポスター症候群は精神疾患ではない

◆精神医学的に確立されたものはない

先ほど「インポスター症候群には診断基準がない」といった感じで軽く触れましたが、インポスター症候群について、ひとつきちんと理解しておいていただきたいことがあります。

それは、インポスター症候群は精神疾患ではないということです。

インポスター症候群はあくまでも心理的な傾向であって、精神医学的に病気として認識されているわけではありません。たとえば、代表的な精神疾患である「うつ病」であれば、医師が「うつ病である」と診断をくだすと、投薬などの治療を行って改善を図っていくというように、既に精神医学として確立されたものがあります。

しかし、心理的な傾向であるインポスター症候群は、精神医学としての

Column

定義はありません。そのため、多くの病気に設けられている診断基準のようなものはありませんし、学術的に確立された克服の方法などがあるわけでもありません。

つまり、何かをもって「インポスター症候群だ」と断定できるような確立されたものはなく、「インポスター症候群に陥ったら、このようにすればいい」といったスタンダードな克服方法があるわけでもありません。

もっとも、インポスター症候群は、これまで多くの心理学者等の研究対象になってきています。私自身、心理カウンセラーとして、これまで多くの方のカウンセリングを行ってきましたが、「インポスター症候群ではないか」と思われる方もたくさん見てきました。そうした方が心の健康を取り戻せるように行ってきたカウンセリングの経験や、これまでに報告されてきた研究成果などを踏まえて、本書ではインポスター症候群についてお伝えしています。

◆最近よく耳にするＨＳＰも精神医学としての定義はない

ちょっと話が逸《そ》れますが、最近「生まれつき感受性が強く、とても敏感な人」のことを表すＨＳＰ（Highly Sensitive Person）という言葉を聞いたことがないでしょうか？

ＨＳＰはアメリカの心理学者であるエレイン・Ｎ・アーロン博士が提唱した心理学の概念で、ここ数年で急速に広く知れ渡るようになりました。今では「敏感さん」や「繊細さん」などと表現されることもあり、すっかり有名になった感のあるＨＳＰですが、やはり精神医学としての定義はありません。そのため、インポスター症候群同様、診断基準などはありませんが、ＨＳＰの概念が知られるようになったことで「自分はＨＳＰだ」と思う方がとても増えました。そうして、ＨＳＰの方が感じる生きづらさを和らげるためのコツや工夫などが、たくさん紹介されるようになりました。

インポスター症候群も、ＨＳＰのようにもっと広く知られるようになって、該当する方の心が少しでも楽になってくれればと思っています。

Column

「毎日、何となく不安……」
「最近、なんか自信が持てない……」
「周りの期待が重苦しくて、怖い……」
「たいしたことがない人間だとバレてしまわないか心配……」

こんな気持ちを抱えていれば、毎日、気が晴れないのではないかと思います。そんなとき、そういった苦しさの原因が「インポスター症候群だからかもしれない」とわかれば、正体不明だった胸の内を理解することができ、少しは楽に感じられるのではないかと思います。

また、家族、友人、同僚といった自分の周りの人の中に、「能力はあるのに、なぜかわからないけど自信がなさそう」という人がいた方も、釈然《しゃくぜん》としない思いを抱えてきたと思いますが、「インポスター症候群なのかもしれない」と思えば、それまでの言動がすっと腑《ふ》に落ち、適切に寄り添っていくことに役立つのではないかと思います。

【まとめ】ここまでの内容を簡単にまとめてみましょう

インポスター症候群に陥ると、自己肯定感が弱くなり、自信がなくなり、不安に苛まれる日々となります。やらなければいけないことには、ギリギリ対応できたとしても、心がどんどん疲れていき、体の中からエネルギーがなくなっていくような感じになります。自分の中でいつもと違う変化を感じたら、心の不調のサインかもしれませんので、注意するようにしましょう。

なぜなってしまう？
インポスター症候群の要因を知る

同じようにインポスター症候群に陥りやすい状況になっても、陥る人もいれば、陥らない人もいます。それは性格的な部分の影響もありますが、心理的な背景や社会・文化的な背景による影響もあり、さまざまな要素がリンクしてきます。ここでは、そうしたインポスター症候群に陥る要因についてお伝えしていきたいと思います。

● 性格的に陥りやすい人はいるが、誰もが陥る可能性がある

■インポスター症候群は誰でも陥る可能性がある

ここまでお伝えしてきたことで、インポスター症候群に陥るイメージがかなり湧いてきたのではないかと思いますが、インポスター症候群に陥るには、まず本人にとって何らかのステップアップがあり、成功していると見られるような環境に身を置くことが前提となります。

もっとも、そうした環境に身を置くだけで、誰もがインポスター症候群に陥るわけではありません。そこに本人の性格的なものや、心理的な背景、社会・文化的な背景といった要素が絡んできます。

まず性格的なところでいえば、インポスター症候群は自分を否定的に捉えてしまう心理状態なので、何事に対しても楽観的でポジティブな人よりは、悲観

的でネガティブに捉える傾向がある人の方が陥りやすいです。タイプとしては「勤勉」「すぐに空気を読む」「自己主張が苦手」「争いが嫌い」「完璧主義」といった人は比較的陥りやすいと思います。

しかし、インポスター症候群は、そうした本人の性格に関係なく、誰でも陥る可能性があるものです。たとえば、楽観的だからといって、インポスター症候群に陥ることはないかというと、そんなことはありません。いくら楽観的な人でも、あまりにも不釣り合いなポジションに祭り上げられたら、「大丈夫かな……」といった気持ちになってしまう可能性はあります。

そもそも楽観的に見える人でも、内心どう思っているかはわからないものです。カウンセリングをしていると、特にそう思う場面があります。ましてインポスター症候群に陥っている場合、「自信のない内面を知られたくない」という思いから、演技をして隠すこともあります。他人に見せる表の顔では、自信満々を装《よそお》っていても、裏では繊細な気持ちを隠し持っているということもあるわけです。

■さまざまな心理的背景と社会・文化的背景がリンクしてくる

性格的なもの以外に絡んでくる要素としては、〝心理的な背景〟と〝社会・文化的な背景〟があります。どんなことも受け止め方は人それぞれですが、インポスター症候群に陥るかどうかは、この〝心理的な背景〟や〝社会・文化的な背景〟も大きくリンクしてきます。

たとえば、もともと性格的に目立つことが好きではなかった人が、たまたま世間の注目を浴びてメディアに取り上げられるようになったとします。一目置かれる存在として扱われることに慣れていない中で、お付き合いを始めたパートナーからひどいモラハラを受けたといった場合、モラハラが引き金となって自信をなくしていき、世間から注目されることに対しても、恐れのような感情を抱くようになってしまうといった感じです。

この〝心理的な背景〟と〝社会・文化的な背景〟には、次の頁に掲げるように、さまざまなものがありますので、ここから、そのひとつひとつを解説していきたいと思います。

● 心理的な背景

- 成長、進化することへの抵抗感
- 周囲からの嫉妬、妬み、ハラスメントへの恐怖
- 孤独になることへの恐怖
- 失敗することや
  失敗したとラベリングされることへの恐れ
- 仕事量の増加やスキルアップへの不安、
  高度な業務への抵抗感
- 仕事と生活のバランスやロールモデルがないこと
  から覚える抵抗感

● 社会・文化的な背景

- 周囲との比較や周囲と同じように振舞うことを
  求められてきた教育
- 自分の成功より他者やチーム・組織を尊重する
  自己犠牲的な精神
- 謙虚さや奥ゆかしさが美徳とみなされる道徳観
- 社会的なジェンダー観の影響
- アファーマティブアクションといった
  社会的な措置

●インポスター症候群に陥りやすい背景～心理編

成長、進化することへの抵抗感

■自分のペースを崩される成長や進化に抵抗を覚える

みなさんは〝成長〟や〝進化〟に対して、どのようなイメージをお持ちでしょうか？

成長も進化も一見ポジティブなものですし、望ましいことと思われる方が多いと思います。もちろんそのイメージ通り、成長や進化にはプラスになることがたくさんありますが、先ほど〝等身大の自分とかけ離れた成長は不一致を生む〟とお伝えしたように、〝自分にとって快適なペースではない成長や進化〟に対しても肯定的に思えるかというと、意外とそうでもないものです。

たとえば、誰かから「こうしなくてはいけない」とか「こうした方が絶対君のためになる」などと言われたときのことを思い出してみてください。たとえそれが自分の成長や進化に繋がることだったとしても、「放っておいてほしい」と思ったことはありませんか？

そのように外部からの圧力で成長を促されたり、押しつけられたりすると、それが自分への応援だったり、ありがたいことであったりしても、自分の心を守る防衛機制が働くことがあります。成長すること自体に抵抗はなくても、自分のペースを崩されてしまうことに抵抗を覚えるわけです。

■急激な変化は気持ち的に受け入れにくい

また、人は本能的に安定を求めるところがありますが、成長や進化をするということは、「変化がある」ということでもあります。それが自分が求める以上に急激に起こってしまうと、気持ちが追いつかないこともあります。

もちろん、元来楽観的な性格だったりすれば、それまでとは別人のように祭り上げられるようなことになっても、そんな自分を笑って受け止められるかもしれません。ですので、その人の性格も関係してきますが、あまりに急激に変わってしまうと、恐れのような感情を抱く人も多いものです。

■望まない成長がインポスター症候群に陥らせることもある

このように成長や進化は、自分のペースを大事にしながら主体的に取り組めるなら、誰もが望むものだと思いますが、自分のペースを乱されてしまうようだと、必ずしもポジティブに受け止められるとは限りません。

ある人がステップアップをして、周りの人から見れば、それがその人に相応《ふさわ》しいポジションだとしても、本人がどう思うかはわかりません。「現状のままの方が良かったのに……」と抵抗感を抱くこともあります。いくら第三者が素晴らしいものだと思っても、本人が望まないポジションにあてがわれてしまったと感じれば、「本当はこんなことしたくないのに……」と思ってしまい、インポスター症候群に陥ってしまうこともあるわけです。

周囲からの嫉妬、妬み、ハラスメントへの恐怖

■立場が上がることで嫉妬や妬みを向けられる

立場が上がることによって、嫉妬や妬みなどを向けられてしまうことがありますが、これもインポスター症候群に陥るきっかけとなり得ることです。

たとえば、憧《あこが》れのポジションについている人がいて、同じように自分もなりたいと思ったとします。しかし、その憧れの人が陰口を叩かれていたり、根も葉もない噂を立てられていたりしたら、どう思うでしょうか？

今はSNSなどによって、簡単に誹謗中傷を浴びせられてしまう時代です。ひどい罵詈雑言《ばりぞうごん》でも目にすれば、「自分はあんな悪口に耐えられる人間ではない」と思ってしまうのも自然なことです。

それでも嫉妬や妬みが渦巻いている中に、気にせず突き進んでいけるか、後退してしまうかは人によると思いますが、突き進めたにしても、嫉妬や妬みといった負の感情を受け続けていると、精神的には確実に負担になります。

そのため、いざ憧れていた同じポジションに立つことができたとき、嫉妬や妬みの恐さから「自分なんてたいしたことないのに……」と思ってしまうこともあります。また、実際に嫉妬や妬みを受けると「こんなことになるくらいなら、目立たない頃の方が楽だったのに……」といった気持ちになってしまうこともあります。

■ハラスメントを受けることで自信がなくなっていく

今お伝えした嫉妬や妬みに近いものがあるかもしれませんが、成長したり、立場が上がったりすると、パワハラ（パワーハラスメント）を受けることもあります。これもインポスター症候群に陥るきっかけとなり得ることです。

たとえば、上司にとって、部下が成長することは自分の評価があがることでもあるのですが、上司に自信がない場合、「自分よりも成長してほしくない」と思い、部下の足を引っ張ったり、ハラスメント的に抑圧したりすることがあります。

そんなとき、出るべきところに出て、上司の非を訴えるなど毅然《きぜん》と対応する人もいると思いますが、争うのも勇気がいることです。上司の負のパワーに負けてしまう人も少なくないと思います。そうしてパワハラを受け続けているうちに、本来、優秀だった人が、すっかり自信をなくしてしまうといったことも珍しくありません。

また、パワハラ以外にも、ハラスメントにはいろいろな種類がありますが、たとえば、モラハラを受けると、人格を否定するようなことを言われたり、されたりしますので、そこから逃れられないでいると、非常に苦しい精神状態に追い込まれていきます。そのため、仕事の面では有能で、リーダーとして活躍できるような人でも、プライベートで出会ったパートナーからモラハラを受けているうちに、自信がなくなっていくといったこともあります。

■ある程度の地位になるまでが大変

こうした嫉妬や妬み、ハラスメントなどを受けることを見ていて思うのは、

〝中間の地位〟とでも言う状態にいるときが、一番つらい時期ではないかということです。誰からも一目置かれるような存在に突き抜けてしまえば、その位置を維持するのは大変だとしても、直接的な嫌がらせなどは受けにくくなります。また、自分自身の中に達成感があり、充実感を得られていれば、「何を言われてもいい」といった心境になれたりするものです。

ただ、そこまで至っていないと、もろに逆風を浴びることが少なくないですし、人も〝付いたり離れたり〟といった感じになりがちです。悩みを打ち明けたいと思っても、信頼できる人が周りにいない場合もありますし、弱音を吐くにしても「弱音を吐いて、どんな評価をされてしまうだろう……」と怖くなり、それまで気軽に言えていたことが、言えなくなってしまうこともあります。

ある程度の地位に到達するまでは、こうしたことを繰り返していくことになりますが、その間「この先どうなるのだろう?」といった不安を抱くことは、何度も訪れると思います。そして、その不安が大きければ大きいほど、インポスター症候群に陥ってしまう可能性も高くなると思います。

孤独になることへの恐怖

■ステージがあがると、周りの人と距離ができてしまうこともある

成長や進化が、必ずしもポジティブに捉えられるわけではないと、先ほども申し上げましたが、成長や進化によってステージがあがることで、周りの人と距離ができてしまうこともあります。

特に急にステージがあがったり、有名人になったりしたときに、そうした距離が生じがちですが、それほど大それたことでなくても、周りの人と距離が生じてしまうことはあります。

たとえば、会社に何十人という同期と一緒に入社した中で、ひとりだけ逸早《いちはや》く出世した社員がいたとき、その出世をきっかけにして、同期との間に微妙な距離感が生まれてしまうことがあります。

残された同期にしてみれば、羨望《せんぼう》、嫉妬、不満、気後れ、遠慮など、人によって感じ方はいろいろでしょうが、さまざまな感情が入り混じると思います。

一方、ひとりだけ出世した方にしてみても、それを鼻にかけていれば軋轢《あつれき》が生じるでしょうし、逆に優越感に浸ったりしない謙虚なタイプなら、自分だけ抜け駆けしたような居心地の悪さを覚えるかもしれません。もちろん、達成感や満足感といった肯定的な感情も覚えるでしょうが、たとえば同期で集まったときに、自分だけ周りから浮いているように感じたりすると、悪いことをしたわけでもないのに、罪悪感のようなものが芽生えるかもしれません。

■警戒することで孤独になることもある

また、ステージがあがり、それを「維持しなくてはいけない」と思うと、自分の中で変な鎧《よろい》をまとってしまい、人を寄せ付けなくなることもあります。

たとえば、「新しいステージを維持するには、前のステージにいる人に影響されていてはダメ」と思って、人を遠ざけてしまうこともありますし、新しいステージに到達した自分を特別なもののように感じ、周りの人よりも自分の方が正しいと思い込んで、周りの声を聞かなくなってしまうこともあります。

他にも、たとえば「こういうところを見られて、何か言われたらどうしよう」などと、それまでは何でもなかったことが心配になってしまい、人を遠ざけてしまうこともありますし、ステージがあがると邪《よこしま》な狙いを隠して近づいてくる人が増えますので、人全般に対して警戒する気持ちが強くなってしまい、人を寄せ付けなくなってしまうこともあります。

そうなると自分の殻《から》の中にどんどん閉じこもっていき、表向きの顔しか出さないようになっていきますが、そうしているうちに、親しい人にもどこまで自分を見せていいのかわからなくなっていきます。

自分自身に自信があれば、そういった状況でも上手に乗り切っていくことができるかもしれませんが、新しいステージにあがれば、初めて直面する難しい問題も生じたりするものです。最初から思い通りに対応できないこともあるでしょう。いまひとつ信頼できる人がいなくなってしまった孤独な状態で、うまく処理することができないと、少しずつ自信が失われていきます。そうしたことから、インポスター症候群に陥ってしまうこともあります。

失敗することや失敗したとラベリングされることへの恐れ

■失敗を恐く思ってしまうのは無理のないこと

失敗から学べることはたくさんあると思います。「失敗は成功のもと」と言われるくらいですが、だからといって、積極的に失敗したいと思う人はいないでしょう。どんなことであれ「失敗したくない」と思うのが自然なことだと思いますし、失敗をすることで「あの人は失敗した人」というラベリングをされることにも抵抗を覚えるものだと思います。

もちろん、中には失敗をさほど恐れない人もいるでしょう。ある程度突き抜けた存在になった人などは、多少失敗しても「あの人だから別にいいよね」といった感じで周りも見てくれるので、そこまで失敗を恐れないかもしれません。しかし、仮にあと少しで突き抜けた存在になるとしても、そこまで至っていなければ「あの人もいいところまでいっていたのに、結局ダメだったね」といった感じで、厳しい目で見られてしまいます。そのため「失敗したら何と言われるだろう……」「失敗したくない！」などと思ってしまうのは無理のないことです。特に今は何か粗相《そそう》をすると、過剰なまでに叩かれる傾向がありますので、失敗を恐れる気持ちが強くなるのは当然のことだと思います。

■失敗が恐いのに重責を担わなければならないと気が晴れない

このように失敗を恐れるのは自然なことだと思いますが、責任ある立場や、人より一歩抜きん出た存在になると、失敗しかねない状況にそれだけ多く直面することになります。また、失敗をすれば、それだけ目立つことにもなります。

そのため、やりこなせる自信がなければ、重責を担うようなことは、避けるに越したことはないのですが、そうした〝できれば避けたい〟という気持ちがある中で、重圧を感じるポジションに居続けなければならないと、「こんなポジション、本当は務まらないのに……」と思ってしまい、インポスター症候群に陥ってしまうこともあります。特に受け身タイプの人や、安定性を求めるような人は、こうしたことを思いがちです。

■落ちぶれた人と周りに思われたくない

また、同じ地位を維持するのは難しいことです。特に失敗はしなくても、維持できなくなってしまうこともあります。そうしたとき、一度手に入れた地位から「落ちたくない」と思うのも自然なことです。それは「落ちぶれた姿を見せたくない」「落ちてしまった人と思われたくない」ということでもありますが、「失敗した人と思われたくない」と思う気持ちと共通するところがあります。

たとえば、かつて一世を風靡《ふうび》した有名人でも、月日が経つうちに、仕事がほとんどなくなってしまうこともあります。そうすると、金銭的には余裕がない状態になってしまいますが、人気絶頂だった頃から落ちぶれてしまったと思われたくないために、無理した生活を送ってしまうことがあります。

一度は名の売れた存在であれば、街を歩いていると、声をかけられることもあります。そうすると、みすぼらしい格好はできないと思ってしまいます。また、馴染みのブランドショップにでも入れば、それ相応の扱いを受けたりもしますので、無理して高価な買い物をしてしまうこともあります。

実際、私の知り合いの中にも、そうした昔のイメージを捨てられないことから、無理した生活を続けていくうちに借金が嵩《かさ》み、うつ状態になってしまった人もいます。

■執着心を手放せるかどうかがポイント

このように自分が築いた地位を維持したいと思うために、無理をしてしまう人が、今の世の中、多くなっている気がします。それは見栄を張ってしまうからだと思いますが、同じような状況になっても、無理して見栄を張ることなく、一歩下がった自分を受け入れられる人もいます。

その違いは、自分の中の執着心を手放せるかどうかだと思います。執着心というとネガティブに捉えられることもありますが、執着心がすべて悪いとは思いません。何かを成し遂げるために重要になるときもあります。成功は簡単には手に入らないことが多く、執着心がないとモチベーションを保つことができないかもしれません。また、パッと人気が出たような場合、それを本物にするためには長い時間が必要で、執着心が原動力になることもあります。

しかし、今は必要でない執着心を持ってしまっている人が、多いように思います。たとえば、自分にとっての幸せを考え、「地味な生活でも、自分の大切な人たちが、笑顔で元気でいてくれれば十分」と気づけたら、執着心に捉われないで済むかもしれません。しかし、一度注目されることを経験してしまうと、「注目されていたい」「特別な存在でありたい」といった思いに捉われ、抜け出せなくなってしまうことがあります。自分でも「昔の自分にしがみついているのは不幸なこと」とどこかでわかっていても、現実を受け入れられず、過去の栄光を手放すことができないわけです。

冷静なときに、自分の中にある執着心を見つめて、その執着心が本当に必要なものか整理することができればいいと思いますが、それができずに不必要な執着心を持ち続けていると、周りの人からは、ちやほやするようなことを言ってもらえるかもしれませんが、そのたびに「今はもう、あの頃の自分とは全然違うのに……」といった思いを抱いてしまうことになります。

仕事量の増加やスキルアップへの不安、高度な業務への抵抗感

■仕事の量や質が変わることに、うまく対応できないこともある

自分のポジションが上がることによって、負荷や重圧が増えてしまうことに抵抗を覚えるのも、インポスター症候群に陥りやすくなる背景のひとつです。

たとえば、働いている人が昇進や昇格をすれば、周りから期待されていることを感じるでしょう。待遇面でも改善されるところがあるでしょうから、その瞬間は嬉しく感じると思います。

しかし、一般的にポジションが上がれば、より大きな成果を求められるようになります。それにうまく対応できるとは限りません。単純に仕事量が増加することもあるでしょうし、経験したことのない事態に直面すれば、どう対応していいかわからなくなってしまうこともあります。

私が企業でカウンセリングなどをしていてよく見かけるのは、〝何もないところから新しいものを生み出すことが苦手なために、苦戦をしてしまう〟とい

うケースです。〝1〟を〝2、3、4……〟と積み上げていくことは得意でも、〝0〟を〝1〟にすることは苦手という方が、案外多い印象があります。

たとえば、先輩が築き上げてきたビジネスモデルに乗っかって、それを活用する分には存分に力を発揮できるのに、まったく新規のプロジェクトが立ち上がって、ゼロから軌道に乗せることを任されたときに、力を発揮できなくて悩んでしまうという人を結構よく見かけます。周りからは期待され、優秀であると認められるからこそ任されるのですが、本人にしてみれば、道筋がないところを、どう切り開けばいいかわからないわけです。そうして、うまくできないでいるうちに、自信をなくしてしまうこともあります。

特に今は情報の移り変わるスピードが早く、トレンドをキャッチするのも大変な時代です。立場が上がると、カバーしなければならない範囲も広くなるものですが、次々と新しい情報が出てくる中で、どんなことにも対応しなければならないのは大変なことです。そうしたことから、不安を覚えたり、しんどくなったりして、自信がなくなっていくことも珍しいことではありません。

仕事と生活のバランスやロールモデルがないことから覚える抵抗感

■ロールモデルがないとビジョンを描きにくい

ひと昔前だと、プライベートを犠牲にしてでも、がむしゃらに働くことが美徳とみなされるようなところが日本にはありました。

それが現在では、ワーク・ライフ・バランスが重視されるようになり、仕事と生活のバランスを調和させることに価値が置かれるようになりました。女性の社会進出も以前よりは進んでおり、今では「出産をしたら会社を辞めるのが当然」といった雰囲気の会社は、さすがに少なくなってきたと思います。育児休暇や時短制度などを活用すれば、育児をしながら働き続けることは、そこまで難しいことではない時代になってきました。

もっとも、そうした変化が見られるようになってから、まだ日が浅いこともあって、発展途上という面があることは否めません。会社に籍を置いて働き続けるだけなら、難しくなくなったにしても、それ以上のキャリアを目指そうとしたときに困難にぶつかってしまう人は、まだまだ多いと思います。

たとえば、誰からも一目置かれるような優秀な社員が、仕事では「役員になりたい」という希望を持ちつつ、プライベートでは「結婚して子供が欲しい」という希望を持っていたとします。もちろん、役員になれる力があるかは本人次第で、希望したからといってなれるものではありませんが、それ以前の問題として、「育児をしながら役員になった」というロールモデルがなければ、どうすればそれが可能か、ビジョンを描けないということがあります。

世間を広く見渡せば、女性で役員になった例もたくさんあります。しかし、いくら社会全体の風潮が変わってきているとはいえ、自分が当事者としてその問題に直面したとき、どう感じるかは別問題です。どれだけ制度が整い、産休や育休を取ることには問題がなかったとしても、実際に休業から戻ってきた先輩が時間のやり繰りに苦労していたり、優秀だった先輩が第一線から退いてしまったりする例を見ていれば、「ちゃんと両立できるだろうか?」「戻ってきたとき、ポジションがなくなってしまったらどうしよう……」と思っても無理のないことです。自分の置かれている環境で身近な成功例がなければ、一歩踏み出す勇気を持つのはなかなか難しいことです。

■中途半端にしかできていないと思うことで自信をなくしていく

妊娠中は体調が優れないこともあれば、健診に行かなければならないこともあります。そのために仕事を休むこともあるでしょう。子供が生まれれば、ただでさえ育児に時間が取られて忙しくなる中、子供が急に熱でも出せば、仕事に影響することもあると思います。そうした中で、どうキャリア形成をしていくかは切実な問題です。仕事の内容や家族の状況、周囲の理解など、いろいろな要素が絡んでくると思いますが、ロールモデルがなく、すべて自分で切り開いていかなければならないとなると、非常にパワーが必要になります。

復職後、仮に望み通りのポジションに戻れたとしても、それですべてが解決するわけでもありません。同僚に負担をかけながら仕事をしていれば、申し訳なく思ったり、自分ばかり休みを取っていいのかと思ったりするかもしれません。「きちんと職責《しょくせき》を果たせているだろうか」といった疑問が湧くことや、「すべてが中途半端になっていないだろうか」と思ってしまう瞬間もあると思います。そうしたことから自信がなくなっていき、インポスター症候群に陥ってしまうこともあります。

自分で「子育てを優先する」と明確な意思があって選択した人はいいと思います。しかし、本当は「バリバリ仕事をして上を目指しながら、かわいい子供に恵まれて幸せな家庭を築きたい」という思いがあるのに、どちらか選ばなければならないとしたら、間違いなくモヤモヤしてしまうと思います。夢の選択で悩むのは仕方のない部分もあると思いますが、そうしたモヤモヤした気持ちのまま、何かを諦めてしまったり、決断できずに何となく時が流れていったりすると、自分自身に納得がいかず、自信をなくしてしまうこともあります。

こうしたことは、育児に限らず、介護にも当てはまりますし、リモートワークや副業など、従来の価値観に捉われない多様な働き方が広まってきている中で、今たくさんの人が感じていることではないかと思います。

インポスター症候群に陥りやすい背景 ～ 社会・文化編

周囲との比較や周囲と同じように振舞うことを求められてきた教育

■自分が間違っているかもしれないと気づくと、自信がなくなっていく

これは特に日本では多く見られることだと思いますが、幼少期から、周囲と比較されながら教育を受けてきた人や、周囲と同じように振舞うことを教育されてきた人は多いと思います。

親や教師の中に「こうあるべき」という価値観があり、そこから外れていると「○○ちゃんはきちんとできるのに、あなたはできない」と比較することで、その価値観の中に押し込めようとし、その価値観から外に出ようとすると「みんなやっていることなんだから、あなたも守らないといけない」といった感じ

で諭《さと》し、周囲と同じように振舞うことを求めていくわけです。

こうした教育を受けて育つと、自分で選択していく力が育ちにくくなってしまう可能性があります。本当の意味での正解がわからないまま、周りの大人たちから刷り込まれた〝正しさ〟をベースに育っていきますが、ある程度の年齢になるとそれが「違うのかもしれない」と思うときが出てきます。そうすると、自分を疑うようになったり、自分を認めることができなくなったりします。

■和を乱してしまったのではないかという思いが負担になる

また、同じように振舞うことを推奨されて育つと、和を乱すことを恐れるようになってしまうこともあります。そのため、自分の地位が周りの人よりもあがったりしたときに「いいのかな……」と不安に思ってしまうこともあります。そうした心理的な負担がある中で、仕事で判断ミスなどをしてしまうと、「自分なんてたいしたことないのに……」といった気持ちになってしまうことがあるわけです。

自分の成功より他者やチーム・組織を尊重する自己犠牲的な精神

■自分よりも他人を尊重するあまり自己肯定感が弱くなることがある

これも日本には多く見られる傾向があることですが、自分よりも他人やチーム・組織を尊重するといった〝自己犠牲的な精神〟が根付いていると、チームや組織の成功を優先するために、自分の〝個〟を出しにくくなります。

もちろん、自分より他人に重きを置くからといって、必ずしも自己肯定感が弱くなるとは限りませんが、他人の意向を尊重するために、自分の意に沿わないことでも受け入れ続けていると、自己肯定感が弱くなっても不思議ではありません。

また、自己犠牲的な精神の強い人が、自分ひとりだけ地位があがるようなことがあると、悪いことをしたわけでもないのに、何となく居心地の悪い思いをしてしまうこともあります。周りに対して、どこか遠慮する気持ちが強くなっていくことから、自己肯定感が弱くなっていくこともあります。

■周りの反応によって自己犠牲的な精神が引き起こされることもある

こうしたことは、自己犠牲的な精神をそこまで強く持っていなくても、周りの反応によって、引き起こされることもあります。

たとえば〝メディアに顔が売れるようになりたい〟と仲間と一緒にがんばっていた中で〝ひとりだけ先に売れてしまう〟ことになり、周りの仲間から「どうして?」「どんな手を使ったの?」「どうやって売れたの?」と、まるで問い詰めるように次々に訊かれたとします。そうすると、その人の性格にもよりますが、何か悪いことでもしたかのような気分になり、「みんなで一緒にがんばろうと言っていたのに、自分だけ先に売れてしまって良かったのかな……」と自己犠牲的な精神が生じることがあります。

尋ねた方にしてみれば、悪気なく訊いてみただけだったとしても、尋ねられた方にしてみれば、あまりにみんなから訊かれることで「自分ひとりだけいい思いをしている」という状況を突きつけられているような気分になり、抜け駆けしてしまったような感覚になるわけです。

謙虚さや奥ゆかしさが美徳とみなされる道徳観

■謙虚になることと卑下することは違うこと

謙虚さや奥ゆかしさが美徳とみなされるのも、日本ではよく見られることだと思いますが、特に周りの空気を読むことに長《た》けた人などは、自分を下げないと〝横柄〟とか〝傲慢《ごうまん》〟といった感じに思われてしまうのではないかと、恐怖心に囚《とら》われてしまうことがあります。

もちろん、謙虚な応対をした方が良いと刷り込まれていれば、自然と謙虚になるでしょうし、それは否定するようなことではないと思います。しかし、望ましい謙虚さとは、偉ぶることなく、素直に他人から学ぶ気持ちがあることです。自分を低い位置に下げてへりくだるのは〝卑下《ひげ》〟であり、謙虚さとは違うものだと思います。へりくだっておけば、波風も立ちにくいため、いつの間にか卑下することが身についてしまっている方もいると思いますが、あまりに卑下していると、自己肯定感を高く保つことが難しくなるかもしれません。

社会的なジェンダー観の影響

■昔ながらの性役割に縛られる

先ほどから何度か申し上げてきたとおり〝男女平等〟の考え方もだいぶ浸透し、女性の社会進出も以前よりは進みました。しかし、〝女性は家庭を守るもの〟といった昔ながらの価値観に縛られている人もまだまだいます。

そうしたジェンダー観が残っていると、たとえば、実績をあげて管理職に就任した女性が、周りの人から嫌な言葉を投げられて、自信をなくしていくこともありますし、年上の男性の部下に強く出ることができなくて「自分が上司でいいのかな……」と思ってしまうようなこともあります。

また、女性が自分の上司になることに対して、受け入れられない男性がいることもありますが、それもジェンダー観が刷り込まれている影響が大きいと思います。そうした場合、露骨に嫌がらせをしてくることもありますが、それがきっかけで上司の女性の自信が失われていくこともあります。

アファーマティブアクションといった社会的な措置

■形式的に女性を大事にすることが実力を歪める

今申し上げた〝社会的なジェンダー観〟にも繋がることですが、そのように弱い立場にあった女性を救済するために、女性を大事にしようとする取り組みが、かえってインポスター症候群に陥りやすくなる状況を生み出すこともあります。

性別や人種といった特定の要素によって、社会的に差別されている人たちの地位を向上させるために、学校の入学基準や企業の採用活動などにおいて、マイノリティの人たちを積極的に優遇し、格差を是正していこうとする取り組みを〝アファーマティブアクション〟と言います。日本では〝ポジティブアクション〟とも言い、男女共同参画社会の実現に向け、指導的な地位にある女性の数を増やすために、具体的な目標値が掲げられるなど、政府が推進したりもしています。

そのように、弱い立場にいた人の地位の向上が図られるのは素晴らしいことだと思いますが、そのことにより、実力があるにもかかわらず「社会的な風潮を受けて地位が上がっただけ」と感じてしまう人が出てくることがあります。

たとえば、抜群の成果を上げていた女性が創業以来、初めて女性役員に登用されたとき、それが実力的に申し分なく、周りの誰もが認める妥当な人事だったとしても、本人は「自分が女性だから世間体を気にして役員になっただけ。本当の力で得たものではない」と捉えてしまうことがあります。

確かに、パフォーマンス的に女性が優遇されることもあれば、システム的な数合わせで実力以上のポジションにつけられることもあるとは思います。しかし、そうしたことに一切関係がないのに、優遇措置があることで、自分の価値を歪めて捉えてしまうことがあるわけです。

なお、こうしたことは女性に限定して当てはまることではなく、ハンディキャップを抱えた人にも当てはまりますし、女性が中心となって活躍しているような会社で、少数派の男性が優遇されるといった場面でも当てはまります。

体の健康状態も大きく影響する

■体の負担と心の負担は連動する

インポスター症候群に陥りやすくなる背景として、さまざまなものが考えられることがおわかりいただけたと思いますが、こうした背景以外に「体の健康状態」も大きく影響することがあります。

体の負担と心の負担は連動しているものです。たとえば、やらなくてはいけない仕事に一生懸命取り組んだ結果、成果をあげ、評価をしてもらえれば、嬉しく感じると思います。しかし、私自身の経験からも感じることですが、そうしてひと段落したと思ったときに、引き続き難しい仕事を頼まれた場合、体力や気力が充実していれば、前向きに取り組めるかもしれませんが、体がしんどくなっていると、「きちんと対応できるかわからない」「ちょっと勘弁してほしい」といった否定的な気持ちが先にきてしまうことがあります。

私はカウンセラーという仕事の影響もあり、おそらく人よりはキャパシティが広く、大きい方だと思います。また、マイナスなことが降りかかってきても、それを溜めてしまわないように、常に浄化するように努めています。自分を見つめ、自分と向き合い、ネガティブなものを浄化していくことは、うまくできる方だと思いますが、それでもあまりにいろいろなことが降りかかってくると、キャパシティをオーバーしてしまい、浄化が追いつかないことがあります。

そうすると、人と関わるのが億劫になったり、外出が面倒になったり、食べ物を美味しく食べられなくなったり、ちょっとした不調が生じてきます。それでも忙しい日々に追われていると、休むわけにもいかず、無理をしてしまうこともありますが、そんなことを繰り返していると、体の中に〝負の何か〟がどんどん溜まっていき、エネルギーが不足していくような感じになります。そうして、体に元気がなくなってくると、それが心にも影響してきて、自己肯定感が下がっていくことがあります。

■体の中のエネルギーが不足するから、心も落ちていく

自分の中にゆとりがあると、誰かから嫌なことをされても「こんな人もいるよね」といった感じで受け流したり、跳ね返したりすることができるかもしれません。しかし、ゆとりがないと「またか……」と真正面からもろに受け止めてしまい、受け流せなかったりするものです。そうすると、人間不信に陥っていき、私の場合だと「もうプライベートで人と会う時間なんてない。仕事関係の人としか会わない」といった感じで、自分の中に勝手なルールを作ってしまうことがあります。

そのように気持ちが後向きになっているときは、つい「あの人のせいで」とか「あんな面倒臭いことがあるから」といったように、〝外〟に対して意識を向けていきがちですが、そうした他罰的な気持ちになるのは、結局は自分を信じられず、信じる勇気もなくなっているときです。そうして、なぜそのように自分の殻に閉じこもってしまうのかというと、体に元気がなく、体の中のエネルギーが不足してしまうからということが、少なくありません。

自信がないのは性格傾向の影響ということもある

◆単に性格的に引っ込み思案で自信がない場合もある

自分に自信が持てない人は案外多いものです。セミナーなどでインポスター症候群についてお話しをすると、「私、インポスター症候群かもしれない」という人がたくさん出てきます。しかし、言うまでもなく、自分に自信を持つことができない原因が、常にインポスター症候群にあるわけではありません。「引っ込み思案で前に出るのが苦手」というように、性格的なところから、自分に自信が持てない場合もあります。

先ほどお伝えしたインポスター症候群に陥りやすくなる心理的な背景や、社会・文化的な背景が影響して、引っ込み思案になってしまっている人もいるとは思いますが、単に性格的に引っ込み思案で自信がないだけであれば、インポスター症候群とはまた別の話になります。

Column

◆褒められるのが苦手だからといってインポスター症候群とは限らない

称賛の言葉を浴びたときに、「そんなたいしたことありません」といった否定的な言葉をすぐに返してしまう人がいると思います。こうした言動もインポスター症候群に陥っていると、よく見られがちなことですが、ただ単に褒められるのが苦手なために、否定的なことを口にする人もいます。褒められること自体で嫌な気持ちになることはなくても、たとえば、常に謙虚であることを肝に銘じている人は、そうしたことを言いがちです。これもインポスター症候群とは、また別の話です。

もっとも、そうした引っ込み思案な人や、褒められることが苦手な人も、何かのきっかけで注目を浴びる存在になるようなことがあれば、インポスター症候群に陥ることは十分あります。そうなると、もともと性格的にインポスター症候群に陥りやすいところに、インポスター症候群に陥りやすい環境に身を置くことになりますので、より切実に自分に否定的になったり、自信を持てなくなったりしてしまうと思います。

【まとめ】ここまでの内容を簡単にまとめてみましょう

インポスター症候群に陥るには、何かを成し遂げたという前提があって、そこに本人の性格や心理的な背景、社会・文化的な背景といった、さまざまなものがリンクしてきます。また、体と心は連動するもので、体の健康も大きな影響を及ぼします。体の中のエネルギーが不足してくると、負の感情を跳ね返すだけの力が湧いてこなくなり、心も落ちていってしまうものです。

第２部

インポスター症候群の克服

Imposter syndrome

自分を知ることが克服の第一歩

本当の自分を見失わないことが大切

インポスター症候群に陥ると、無理をしていない素のままの自分でいられることが少なくなり、自分を見失ってしまいがちになります。そうなると、とても苦しい毎日となりますが、本当の自分を取り戻すことが、インポスター症候群の克服に繋がります。そのためにも、まずは〝自分〟というものを理解することが大切です。

心を構造化すると楽に生きられるようになる

■本当の自分でいられる瞬間がないと自分を見失っていく

自分には相応しくないと思う地位や役割を続けていくことは、精神的に大きな負担となり、インポスター症候群に陥る引き金にもなってしまいますが、たとえば「会社では無理した自分を演じても、家に帰れば素の自分に戻れる」ということなら、会社では疲れてしまうにしても、家でリラックスできることで、心の不調を覚えるまでには至らないかもしれません。

しかし、「家庭がうまくいっていないため、家に帰っても休まらない」「仕事一辺倒で家には寝に帰るだけ」「フリーランスで働いているため、オンとオフの区別がない」といったように、気持ちを切り替える時間や空間がまったくない場合もあります。

そうすると、常に〝無理をした自分〟を演じ続けることになるため、気持ちが楽になることがなく、心がどんどん疲れていきます。そこで無理をしていることに気づいて休むことができればいいのですが、目の前のことをこなすのに必死になっていると、無理をしている自分が当たり前のようになってしまい、そのまま無理を続けてしまいます。そうして、「本当は自分は何がしたいのか」「本当はどういう自分でいたいのか」といったことが意識から抜け落ちていき、いつしか自分を見失ってしまうことになります。

■自分の心の状態はわからないことも多い

インポスター症候群を克服するためには、そうした見失ってしまった〝本当の自分〟を取り戻すことが必要です。そのためには〝自分〟というものを理解しておくことが望まれます。

もっとも、自分のことを理解するのは、案外難しいことです。たとえば、気持ちがすっきりしなくて、なんとなくモヤモヤするときがあると思います。そんなとき、みなさんは、どこまで自分の心と向き合い、理解しようとされていますか？

モヤモヤしていたとしても、さほど意識を向けることもなく、やり過ごしてしまう方も多いと思います。また、意識を向けるにしても「今なんかモヤモヤしているな……」といった程度にしか思わず、深く考えない方も多いでしょう。

もちろん、中には「パートナーと喧嘩をしてしまったから、モヤモヤしているんだな……」というように、自分なりに原因を考える方もいると思います。

しかし、仮にそう思ってパートナーと仲直りしたとしても、それでモヤモヤが解消するかというと、必ずしもそうとは限りません。それでは不十分なときもあります。仲直りをしたのにモヤモヤしたままの状態が続いたら、何が原因かよくわからないまま、何となく気が晴れない状態が続いていくことになります。

そんなとき、さらにその原因を突き止めようとする方は、それほど多くはないのではないでしょうか。

このように「理由はよくわからないけど、気持ちがすっきりしない」という状態を経験したことがある方は少なくないと思いますが、パッと思いつく理由がなかったとしても、モヤモヤするにはモヤモヤするだけの理由があるものです。それがよくわからないのは、深いところに原因があり、そこまで意識が向いていないからです。

■人の心を言語化・可視化して理解する

私はよくカウンセリングやセミナーなどで「心を構造化すると楽に生きられるようになる」ということをお話ししています。「心を構造化する」と言われても、ピンとこない方もいると思いますが、「心の状態を言語化・可視化する」ということです。

心は形としては目に見えないものなので、わかりにくいものです。しかし、わかりにくいからこそ、心の状態を筋道立てて考えることができるようになると、いろいろな気づきを得ることができます。

たとえば、心を構造化すると、視覚的に捉えることができるようになりますので、漠然と理解してしまいがちな心の状態をイメージしやすくなります。そうすることで、自分の心をより客観視できるようになり、たとえば、不本意なことが降りかかってきたときにも、必要以上に感情的にならずに、冷静に対処することができるようになります。

また、自分の心だけでなく、他人の心もイメージしやすくなりますので、「あの人はこういうタイプ」といった感じで漠然と思っていたことが、もっとはっきり理解できるようになります。

もっとも、心を構造化しようとすると頭を使うため、常に意識していると疲れてしまいます。ですので、時には論理的に考えずに、感情的になってもいいと思いますが、心を構造化する意識をどこかに持っておくと、何か気に入らないことがあったときでも、「人間の心はこういう構造だから仕方がない」と受け止めることができたり、「相手も人間なんだから歩み寄ろう」と思えたりするものです。そうなると、人間関係が少し楽になります。

ここからは、そうした心を構造化するための方法をご紹介していきます。

自分をもっと理解するために知っておきたい3つの理論

■人の心を言語化・可視化するための方法

心を構造化するのに役立つのが、心理学など人の心を理解するために確立された理論を知ることです。研究を積み重ねて構築された理論には、実生活で役立つものがたくさんありますし、学問的な裏付けに基づいた理論を理解しておくと、「正しく理解できている」という安心感も得られます。

もっとも、そうした理論にはさまざまなものがあります。歴史も古く、広範囲に渡り、一から学ぶのは大変ですので、ここでは、みなさんに取り入れてもらいやすく、わかりやすいものとして、私がよくお伝えしている〝マズローの欲求5段階説〟〝人の性格の4層構造〟〝体癖論《たいへきろん》〟の3つの理論について、ご紹介していこうと思います。

マズローの欲求5段階説

■人間の欲求には5つの段階がある

マズローの欲求5段階説は、アメリカの心理学者アブラハム・マズロー博士が人間の欲求を理論化したもので、〝自己実現理論〟とも言います。マズロー博士は人間を「自己実現に向けて成長するもの」とし、人間の欲求を5段階に分けて、低次の欲求が満たされると、一段階上の欲求が高まると考えました。

5つの欲求は下から順に次のとおりで、よくピラミッド構造で表されます。

1. 生理的欲求
2. 安全の欲求
3. 所属と愛の欲求
4. 承認の欲求
5. 自己実現の欲求

マズローの欲求５段階説

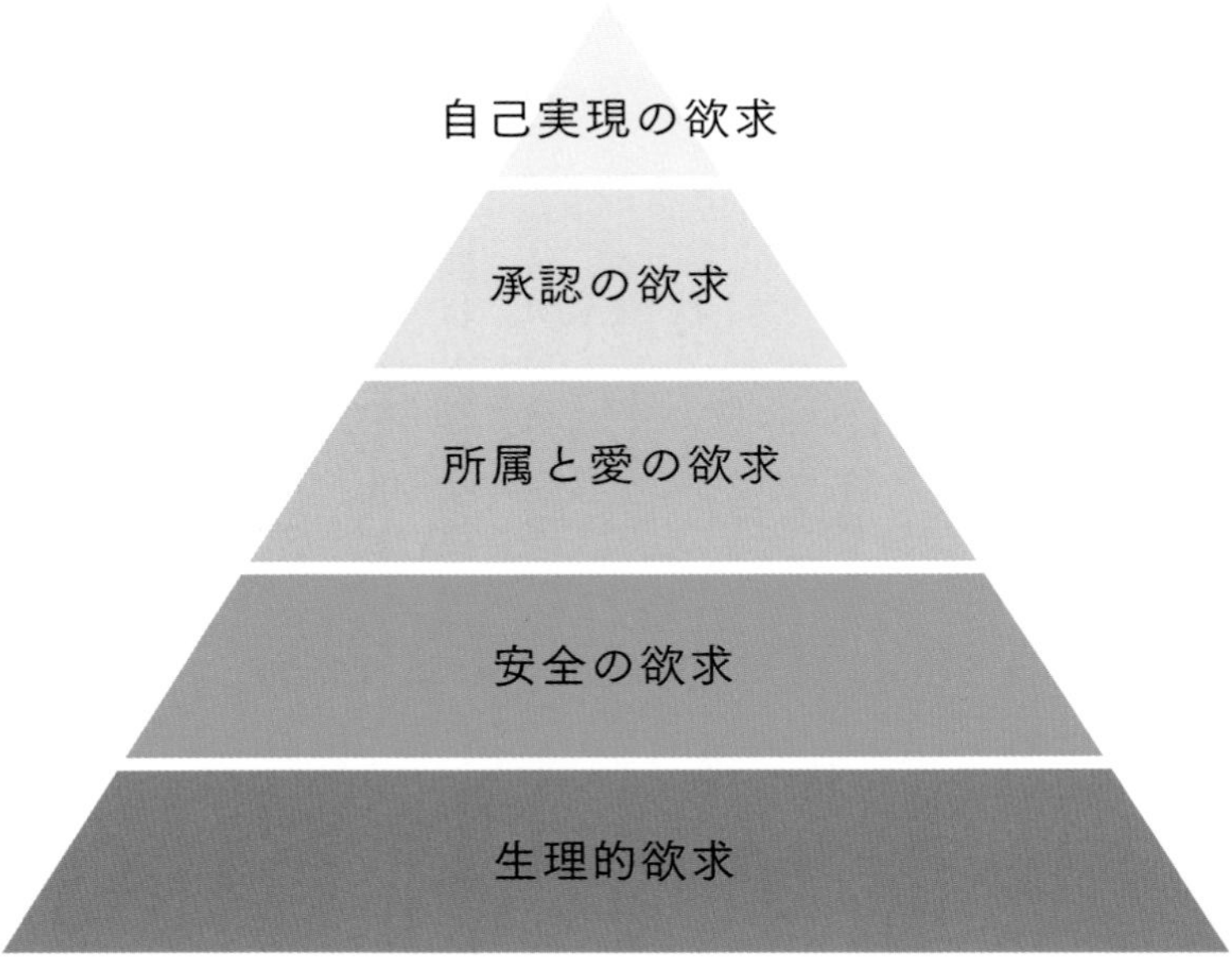

下層の欲求がある程度満たされると、次の欲求が現れると考えられる。

１．生理的欲求

食べたい、寝たいといった人が**生きていくために必要な本能的な欲求**です。どれだけやらなければならないことがあったとしても、何日も飲まず食わずで徹夜するのは無理ですし、どんなに好きなことでもトイレを我慢しながらでは楽しめず、集中もできません。

２．安全の欲求

安全に暮らしたい、健康に過ごしたいといった欲求です。生理的欲求が満たされると、身の安全や健康、経済的な安定、事故の防止などを求めます。いつ危害が加えられるかわからない中で暮らすのは酷ですし、体の健康やお金の心配もしたくないものです。

３．所属と愛の欲求

家族や集団、仲間などに所属し、愛されたいという欲求です。健康で安全に暮らせたとしても、自分を受容してくれる信頼できる人間関係が構築できていないと、居場所感を得ることができず、心が満たされません。居場所があるのは、大切なことです。

４．承認の欲求

認められたい、尊敬されたいという欲求です。所属と愛の欲求が満たされると、所属するだけでなく、その中で評価されたい、能力を認められたいという欲が出てきます。これには他人から認められることだけでなく、自分で自分を認めることも含まれます。

５．自己実現の欲求

理想的な自分になりたいという欲求で、成長欲求とも言われます。承認の欲求が満たされると、自分らしく生きたいと思ったり、自分にしかできないことを成し遂げたいと思ったりするようになります。

■自分の欲求がどの段階にあるのかイメージしやすくなる

マズローの欲求5段階説の5つの階層を簡単にご説明しましたが、これを理解していると、自分の欲求がどの段階にあるのかイメージしやすくなります。

たとえば、〝食べたい〟という欲求を例に考えてみましょう。お腹が空いたら食べたいと思うのは、すぐにイメージが湧くと思いますが、〝食べたい〟と思うのは、空腹ばかりが理由になるわけではありません。次に示すように、同じ〝食べたい〟という欲求でも、その根底にあるものを見つめることによって、その欲求がどの段階にあるものなのかがわかってきます。

【背景】遭難してしまったため、何日も食べていない。

何でもいいから、とにかく食べたい。

↓

生理的欲求

【背景】会社が倒産して以来、満足に食べることもできなかった。

就職先が見つかり、生活も安定したので、今後は3食きちんと食べたい。

↓

安全の欲求

【背景】新学期になってクラス替えがあり、クラスメイトが新しくなった。

新しい友達と一緒に、楽しく笑いながら食べたい。

↓

所属と愛の欲求

【背景】友達が充実した生活ぶりをＳＮＳにアップしている。

自分も写真をあげてアピールしたいから人気店のスイーツを食べたい。

↓

承認の欲求

【背景】食通としての名声を得ることができた。

これからは自分なりの新しい食の概念を伝えていくために食べたい。

↓

自己実現の欲求

■マズローの欲求5段階説で心の状態をイメージする

マズローの欲求5段階説を知ると、心の状態もイメージしやすくなります。

たとえば、先ほど「パートナーと喧嘩をしたときに、仲直りしたからといってモヤモヤが解消されないこともある」と言いましたが、パートナーと喧嘩したときの状況を、マズローの欲求5段階説をイメージしながら捉えてみると、気持ちの奥にあるものが見えてきて、モヤモヤがクリアになることがあります。

いくつか例を見ながら、考えてみましょう。

【ケース1】大喧嘩をして家に居づらくなったとしたら……

パートナーと大喧嘩をしてしまったために、家に帰れなくなったり、居づらくなったりしたとします。

その場合、それは〝自分の居場所〟がなくなることです。つまり〝所属と愛の欲求〟が脅かされることになります。「仕事で認められたい」とがんばっていたときに、リラックスできる家庭がなくなってしまったら、それは〝承認の欲求〟を満たしたかったときに、ひとつ下の〝所属と愛の欲求〟が満たされない状態に戻ってしまったことになります。モヤモヤして、仕事に身が入らなくなったとしても不思議ではないわけです。

【ケース2】睡眠不足だったとしたら……

喧嘩したときのことを振り返ってみたとき、「ずっと忙しくて寝不足で、イライラしていた」ということに思い当たったとします。

するとそれは〝生理的欲求〟が叶えられていない状態だったことがわかります。喧嘩のきっかけが何であったにせよ、「最初に満たすべき欲求が満たされていなかったのなら、喧嘩になってしまったのも無理はない」と思えるようになります。さらには、「少し休んで、よく寝た方がいい」と気づくこともできます。ぐっすり眠ってすっきりし、生理的欲求が満たされたら、パートナーに対するやさしい気持ちも自然と戻ってくるかもしれません。

【ケース3】引っ越しで揉めたとしたら……

喧嘩の原因が〝引っ越し先で揉めた〟とします。たとえば、パートナーがいくら勧めても、「その街は治安が心配だから住みたくない」と思ったなら、〝安全の欲求〟が脅かされるように感じていたことになります。そうしたら、喧嘩に至った言動よりも「〝安全の欲求〟が満たされないことが不安で、言い過ぎちゃったかな……」とより深い原因に気がつくことができます。

あるいは逆に、パートナーが引っ越しを嫌がったとして、それが治安を心配していたなら、「〝安全の欲求〟が脅かされることが不安で、あんなことを言ったのかな……」と思えますし、住み慣れた街を離れることを嫌がっていたなら、「〝所属と愛の欲求〟に不安を感じたのかな……居場所は大切なものだから仕方がないか」と冷静に理解してあげることができます。

これはほんの一例ですが、このようにマズローの欲求5階層説を通して、心の状態を客観的に捉えることを意識してみると、腑《ふ》に落ちることが多くなります。ぜひ試してみてください。

●人の性格の4層構造

■人の性格は4つの層でできている

性格論にはいろいろなものがありますが、心理学者の宮城音弥《みやぎおとや》博士は、人の性格は4層から形成されていて、同心円の構造になっていると提唱しました。

この〝人の性格の4層構造〟がイメージできるようになると、「性格はコントロールできるのか」ということに対して、イメージが湧きやすくなります。

4つの層は、内側から順に次のようになり、内側から外側にいくほど後天的に作られていくものになります。

・気質
・狭義の性格（人格）
・習慣的性格
・役割性格

人の性格の４層構造

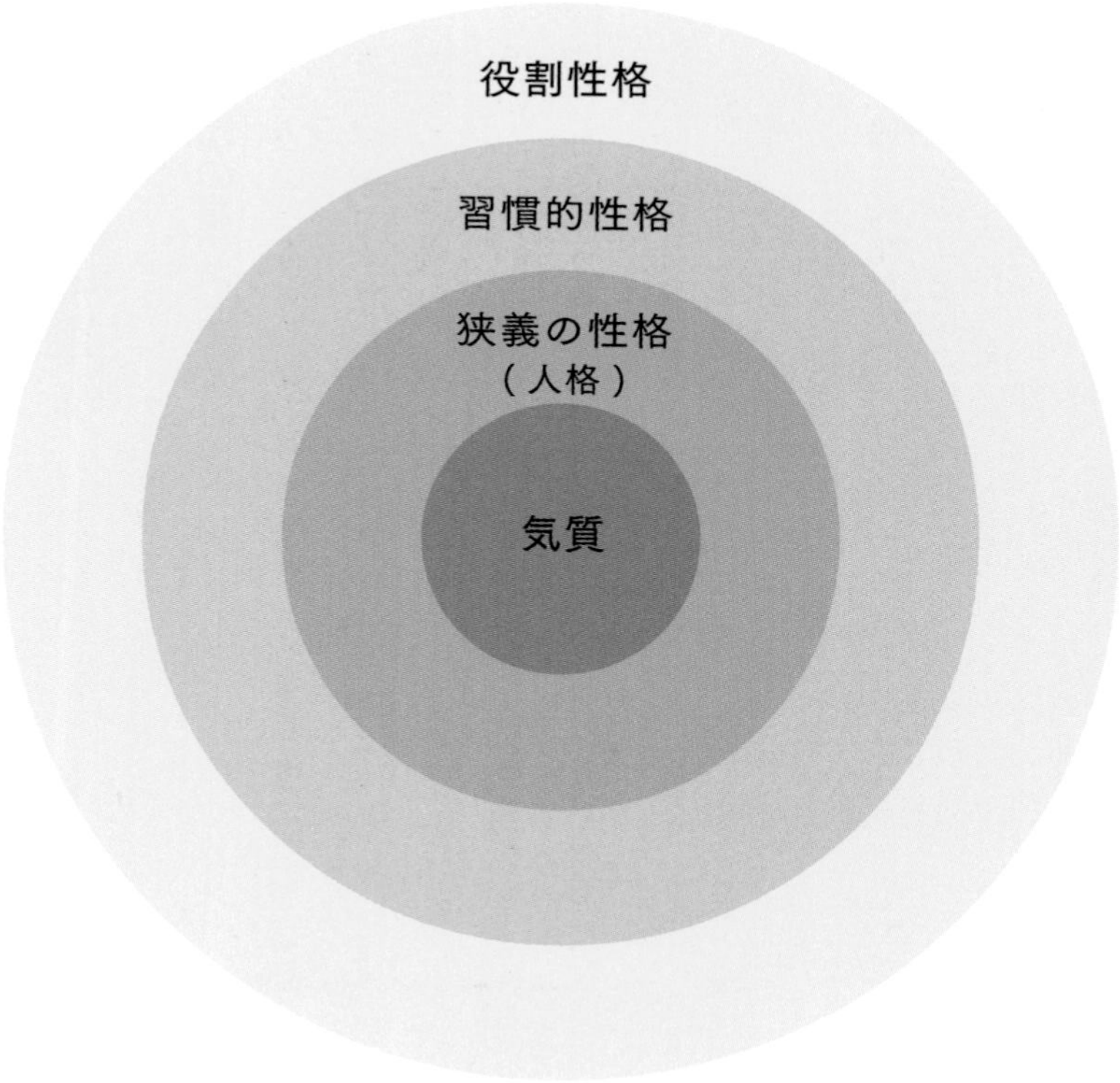

外側にいくほど後天的に作られていく部分となり、コントロールしやすいと考えられている。

気質

生まれ持った性格が〝気質〟です。性格の核となる部分で、遺伝によって決まってしまうところが大きいものです。環境や経験によって影響されることがなく、気質はどうしても変えることができないものです。

狭義の性格（人格）

その次に〝気質〟を取り囲んでいるのが〝狭義の性格（人格）〟です。小学生くらいまでの幼少期に刷り込まれるもので、親などの**養育者や育った環境の影響を受けて作られる性格**です。物心がつく前に無意識に身につくもので、大人になってからは、ほとんど変わりません。

習慣的性格

その周りを取り囲むのが〝習慣的性格〟です。学校生活や社会生活を送っていく中で、たくさんの人との交流やさまざまな出来事を経験することで、**だんだんと作られていく性格**です。習慣的性格は変化することもあり、自分の意思によってコントロールすることもできます。

役割性格

さらにその外側にある４層目の性格が〝役割性格〟です。社会生活を送るようになると、いろいろな場面に遭遇しますが、そうした**さまざまな状況に適応するために作られた性格**です。たとえば「家庭ではやさしいお母さんでも、仕事では厳しい管理者」というように、自分の置かれた立場や状況に応じて、瞬時に変えることができるものです。

■性格はコントロールしやすい部分としにくい部分がある

性格をこのように4層構造で捉えてみると、性格には〝生まれつき持っている部分〟と、〝その後の環境によって作られていく部分〟があることがわかります。すなわち〝気質〟は変わることがなく、〝狭義の性格（人格）〟もコントロールすることは難しいですが、〝習慣的性格〟と〝役割性格〟は自分でコントロールすることができるとわかります。

もちろん、性格をコントロールすることは、簡単ではないかもしれませんが、「どうせ、自分はこんな性格で変えられないし……」と思っている方は、自分が思っている性格が、4層のどの部分にあたるかをイメージしてみてください。

ひとつ例を出して、考えてみましょう。仮に物事をすぐに悲観的に捉えてしまい「自分は暗い性格だな……」と思うのであれば、小さい頃から悲観的に考える傾向が強かったか、思い出してみてください。

> 小さい頃から楽観視しないように教え込まれて悲観的だった……

↓
根本は変わらないかもしれませんが、〝習慣的性格〟や〝役割性格〟として楽観的な姿勢を身につけることはできるかもしれません。

中学生くらいまでは楽観的だったのに、高校生のときに味わった大きな挫折がきっかけで、いつの間にか悲観的に考えるようになっていた……

↓
根っから悲観的というわけではなく、〝習慣的性格〟として悲観的になっているだけかもしれません。その場合、考え方を変えたりすることで、昔の楽観的な性格に戻れるかもしれません。

性格はその人の個性でもありますので、無理に変える必要はないと思いますが、どこか変えたいところがあるなら「自分本来の〝気質〟や〝狭義の性格（人格）〟を生かしながら、〝習慣的性格〟や〝役割性格〟の部分ならコントロールもできる」ということをイメージしながらチャレンジしてみてください。

体癖論

■体の癖によって感受性の傾向がわかる

体癖論は、もともとは野口整体の創始者である野口晴哉《のぐちはるちか》先生が、重心の偏りや腰椎の歪みといった〝人の体の構造〟と、〝心理的な感受性の方向〟が関連していることを見いだし、12種類に分類して体系化した概念です。

それをベースに、私の師匠でもある精神科医の名越康文《なこしやすふみ》先生が、自身の臨床経験を加味して10種類の性格分類を作りました。私はカウンセリングをはじめさまざまな場面で、この〝名越式体癖論〟を心の中を紐解く方法のひとつとして活用しています。

体癖論を通して性格分類をすると、自分の中に混在している性格傾向がわかります。そうして、自分への理解を深めることができ、自分と向き合うきっかけにすることができます。また、他人のことも、違う視点から見ることができるようになり、より深く理解できるようになります。

体癖のチェックをしてみよう

10種類の体癖は下表のとおり、「特徴的な内臓や器官」と「身体の癖・運動特性」で5つに分けられ、それぞれに表裏の関係となる偶数種と奇数種があります。

この10種類の中に、ほとんどの人は〝メインの体癖〟と〝サブの体癖〟を持っています。

それぞれの種の特徴などを解説していく前に、まずは自分が10種類ある体癖のどれに当てはまるのかチェックしてみましょう。

次頁から続くそれぞれの種ごとに設けられた10個のチェック項目について、いくつ当てはまるものがあるか数えてみてください。

特徴的な内臓や器官		頭脳	消化器	呼吸器	泌尿器	生殖器
身体の癖・運動特性		上下	左右	前後	ねじれ	開閉
種	奇数	1	3	5	7	9
	偶数	2	4	6	8	10

1種のチェック

□感情的にならない
□あまり冒険をしない
□旅行は計画をしている段階が一番楽しい
□飲み会に参加しても必ず終電までには帰る
□集中力があり、物事を論理的に考えてしまう
□理屈っぽいと言われる
□活字があると集中して読んでしまう
□心で感じることに素直に従うよりも、頭で考えて行動をすることが多い
□首が太くて長い、太っていないが大柄に見られる
□一見、近寄りがたく見られる

1種でチェックが入った数………□個

体癖のチェック

『心理カウンセラーが教える 本当の自分に目覚める体癖論』より
（小高千枝著／2017年／主婦と生活社）

2種のチェック

□家事は苦ではない
□取扱説明書は必ず読む
□買い物の前に、必要なものをメモに取る
□心配性であり、一度考え事を始めると頭の中でぐるぐると思考が回る
□大勢の前で褒められることや注目されることが苦手
□マニュアルどおりに進めることや、決められた中でやりくりすることに安心感を覚える
□他人の話を正確に聞き取り、正確に実現することに意義を感じる
□「期待している」「任せる」と言われると抵抗感がある
□顔や首が細くて長い
□うたた寝をすると上を向いて、口を開けて寝てしまうことが多い

2種でチェックが入った数………□個

3種のチェック

□自分の感情に素直に生きているほうだ
□悩み事があっても引きずらず、基本的に一晩寝れば忘れられる
□人から親しみやすいと思われている
□買い物に行くとお店の人と話をする。もしくは、話しかけられる傾向がある
□外出時はきちんとした格好をするが、部屋着はラフな服装が好き
□童顔で実年齢よりも若く見られる
□食事のときはいろいろなものを少しずつ食べたい
□自分では気づいていないが、天然だと言われる
□新しいスイーツに目がない
□基本的には食べることが好き。ストレス解消も食べること

3種でチェックが入った数……□個

4種のチェック

□ 他人のネガティブ感情に流されやすい
□ 普段はあまり感情を出さないが、鬱屈したものが節目節目で出てしまうことがある
□ 楽しんでいたり、笑っているのに、寂しそうと思われる
□ 物事をマイナスから見てしまう傾向がある
□ 自分の目標や目的はよくわからないが、「やりたくないこと」は明確である
□ 大きな声を出したり、思いっきり笑ったりはあまりしない
□ 大勢でワイワイ盛り上がるより、少人数でこぢんまりした飲み会が好き
□ 旅行など、人に行き先を決めてもらうことが多い
□ 神経質ではないが、汚いものへの嫌悪感が強い
□ 感情が高ぶったりストレスが溜まると食べられなくなったり、お腹を壊しやすい

4種でチェックが入った数………□個

5種のチェック

□好きなことに対しては即行動。スピード感重視
□執着心があまりなく、合理的に物事を見る傾向がある
□休日も予定を入れて外出をしたい
□深く思い悩むよりも常に前を向いていたい
□帰宅するとまずはテレビをつける
□電車よりも車が好き
□時計、めがね、靴、バッグなどへのこだわりがある
□コース料理や時間のかかる食事は苦手
□映画は、アクション映画などハラハラドキドキするものが好き
□快活で活動的、持久力もあるほうだ

5種でチェックが入った数……□個

6種のチェック

□浮き沈みの激しい波瀾万丈な人生に魅力を感じる
□大きな夢は抱かないが、現実よりも夢の世界に空想をするのが好き
□整理整頓が苦手
□オーソドックスなものよりも、古着やアンティークなどレアな一点物が好き
□色気があると言われる
□壁につい寄りかかってしまう
□恋愛をすると相手に試し行動をしてしまう（ヤキモチを焼かせたくなる）
□思いつきで行動をしたくなることがある
□ルーティンワークが苦手
□現実世界で生きることがたまにつらくなることがある

6種でチェックが入った数………□個

7種のチェック

□スポーツ観戦のとき、周囲を気にせず大声で応援をしてしまう
□人に注意をされると、悲しみよりも怒りの感情が強くなる
□悪気はないが、ビッグマウスのところがある
□相手のことを思い、褒めるばかりではなく欠点も伝える
□ライバルがいるとやる気がさらに高まる
□服装やアクセサリーはデザインが凝っているものや派手めのものを選びがち
□執着心は強いほうだ
□感情が揺さぶられるようなことが好き
□エステやマッサージなどセルフケアやメンテナンスは欠かさない
□身振り手振りがつい大きくなってしまう

7種でチェックが入った数………□個

8種のチェック

□もらい泣き、うれし泣きなど、感情的になると泣いてしまう
□空回りをして、頑張り過ぎてしまうことがある
□体調が悪くても気がつかないなど、我慢をしてしまうことがある
□幹事などをよく任される
□人を褒めたり、認めたりすることが好き
□悩みをよく相談されるが、自分の悩みを打ち明けることが苦手
□コツコツ努力を積み重ねることは苦にならない
□視野が狭くなっていることに気がつかないことがある
□人を尊敬する気持ちが強い
□困っている人がいると放っておけない

8種でチェックが入った数………□個

9種のチェック

□集中すると雑音が耳に入らなくなり、自分の内側に意識が向く
□人付き合いは上手にこなすが、基本的に他人に心を許していない
□気に入ると同じものばかりを食べ続ける
□凝り性で執着心があるため、こだわりが強過ぎるといわれることがある
□共同作業が苦手。一度決めたら最後までひとりでやり抜こうとする完璧主義
□用意周到に準備をするよりも、その場で考えて行動をすることのほうが好き
□直感力が鋭く、冷静に客観的に物事を見てしまう傾向がある
□部屋全体を見渡せることに安心感を覚える
□サプライズをされることが苦手
□実際よりも、体が小さく見られることがある

9種でチェックが入った数………□個

10種のチェック

□ホームパーティーなど人をもてなすことが好き
□シリアスなドラマよりもたくさんの人が笑顔になれるドラマが好き
□誰にでも優しく平等に接することを心がけている
□人に裏切られたり、嫌われることへの抵抗感が強い
□自分の面倒を見てもらうことが苦手
□弱音をあまり吐けない
□華やかな姉御肌タイプに見られがちだが、意外と天然だったり甘えん坊だったりする
□頼られると必要以上に世話を焼いてしまうことがある
□視野が広く洞察力がある
□ハグ、タッチ、スキンシップなどをすると安心する

10種でチェックが入った数………□個

体癖のチェック方法

1. それぞれの種で該当する項目を数えます

2. 相対的に点数の高い種が自分の種です

- 一番点数が高い種……メイン体癖
- 次に点数が高い種……サブ体癖

【例】

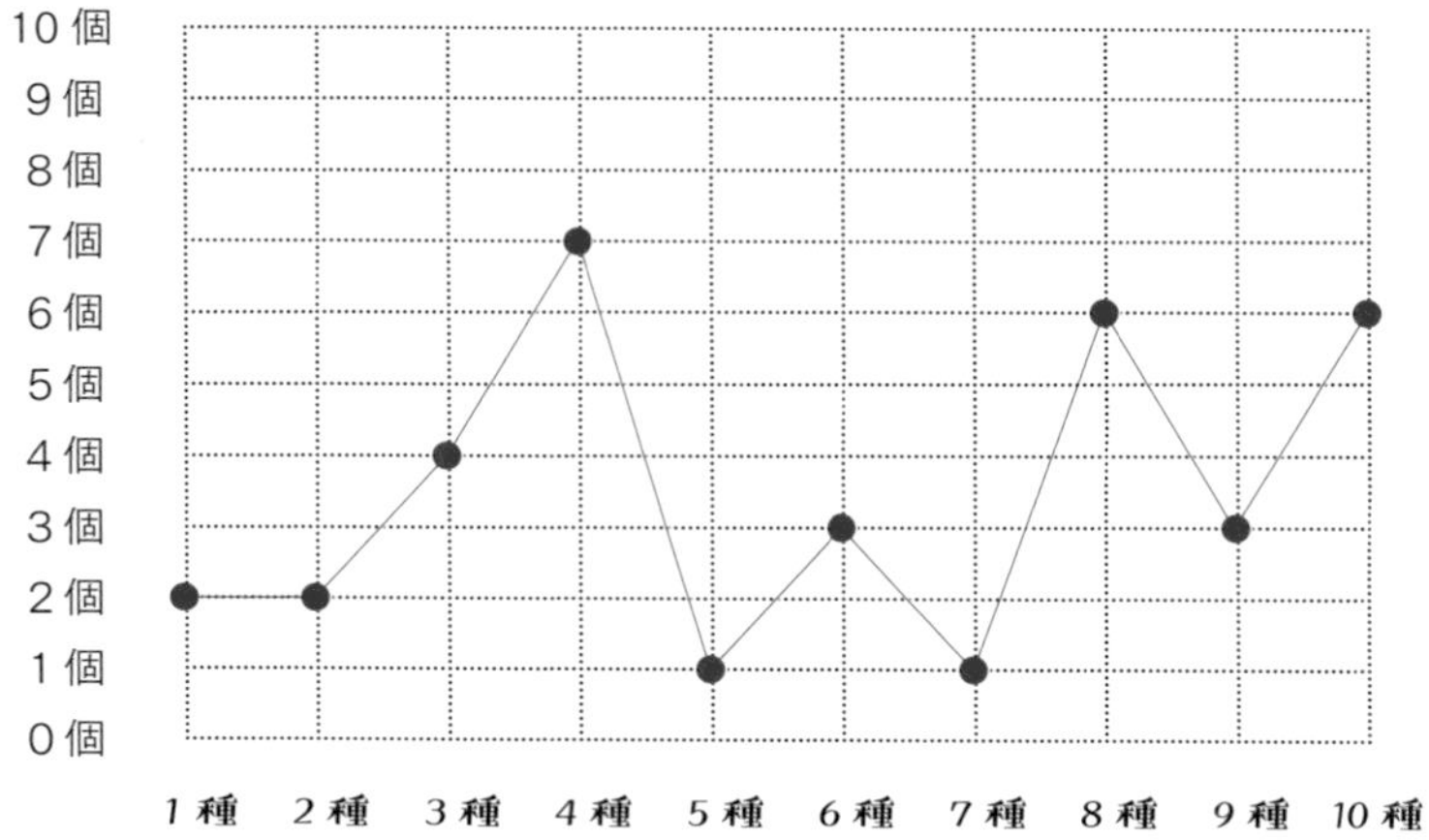

この場合は……

- メイン体癖：4種
- サブ体癖：8種と10種

【解説】

全体の中で一番点数の高い種がメイン体癖で、次に点数が高い種がサブ体癖となります。そのときの置かれた状況などによって「メイン体癖の性格に代わって、サブ体癖の性格が表に出てくる」といった感じでイメージしてみてください。「何個以上で該当」といった基準はなく、相対的な点数の高さで判断します。点数の高さは、エネルギー量の大きさに関係しますが、どの体癖が該当するかの判断には関係しません。たとえば、一番高い種でも3個しか該当しないのであれば、それがメイン体癖です。また、同じ最高点の種が2つあれば、メイン体癖が2つあるということです。

なお、体癖論では性格が10種類に分類されますが、「どの種がいい」「どの種はよくない」ということはありません。また、人それぞれいろいろな顔があるように、性格もさまざまです。10種類に限定されるわけではありません。メイン体癖が同じ種の人は、性格の傾向が似ていることにはなりますが、強弱には違いがありますし、サブ体癖にも違いがあります。

体癖論を理解するための
3つの基本的なポイント

1 特徴的な内臓や器官

下記のとおり、感情が働くときに敏感に反応して、エネルギーが集中しやすい部位があります。

1・2種	3・4種	5・6種	7・8種	9・10種
頭脳	消化器	呼吸器	泌尿器	生殖器

【例】3・4種／消化器の場合

喜怒哀楽の感情が働くと消化器官を刺激し、食に影響が出ると言われています。3種は食欲が増し、食べることで満たそうとし、4種は食欲がなくなり、食べられなくなる傾向があります。

● 偶数種（2・4・6・8・10種）……陰
→ エネルギーが内側にためこまれていくタイプ

主体性に乏しい受身タイプです。自分で何かをするよりも、相手があって自分のポジションを意識するため、奇数種に振り回されると、緊張感が強くなり、心理的負荷がかかる傾向があります。また、人との関係があることで自分を見いだすため、自己承認ができず、自己矛盾が生じることも多々あります。

2 身体の癖・運動特性

それぞれの種ごとに、次のような身体の「癖」と「運動特性」があります。

- 1種・2種……上下

  1種は上下運動が大きく、2種は上がりっぱなしです。

- 3種・4種……左右

  3種・4種は左右どちらかに体重が多く乗っています。

- 5種・6種……前後

  5種・6種は前か後ろのどちらかに体重が乗っています。

- 7種・8種……ねじれ

  7種・8種は体がいつもねじれています。

- 9種・10種……開閉

  9種・10種は骨盤の開閉度に特徴があります。

3 奇数種・偶数種

奇数種と偶数種で、それぞれ次の特徴があります。

- 奇数種（1・3・5・7・9種）……陽

  →　エネルギーが外側に発散されていくタイプ

能動的、主体的に行動するタイプです。自分の感情や感覚に素直であり、基本的に自分の価値観や優位性を高め、ストレスなども発散できる傾向があります。

1種の特徴

Keyword

頭脳派／正しさ／保守的／冷静

人の感情に左右されることのない論理的思考の持ち主

1種は真面目で博識。思慮深く、落ち着いている印象で、論理的思考の持ち主です。自分にも他人にも厳しいですが、感情的にはならず、他人の感情に距離を置くタイプです。感情がないわけではありませんが、他人の感情に左右されないところに特徴があります。

1種は何か感情を抱《いだ》いたり、人から感情をぶつけられたりすると、「この感情はどこから生まれているんだろう？」とか、「これは何だろう？」と考えてから動きます。たとえば、泣いている赤ちゃんを見ると、かわいいと思っても、「なぜ泣いているんだろう？　お腹がすいているのかな？　何か怖いのかな？」などと考えます。経営者は1種を備えていることが多いです。

2種の特徴

Keyword

単純作業／見通し／役割／マニュアル通り／義務

マニュアル通りに動いていくことに安心感を覚える

2種も1種と同じように論理的思考の持ち主ですが、マニュアル通りに動いていくことに安心感を覚えます。地味で控え目なコツコツ型で、平和な日常を送るのが好きです。不測の事態に備えて、しっかりと計画を立てておきたがるタイプで、常に心配の渦に巻き込まれている傾向があります。

2種は忍耐力があり、自分を犠牲にするところがありますが、それを義務と思ってやっています。そのため、不満が鬱積《うっせき》すると、ちょっとしたきっかけで爆発してしまうことがあり、周囲から「いい人なのに、なぜ急に怒り出したの？」と思われるようなところがあります。サブリーダーとか秘書とか、誰かメインの人がいて、その人の下につくようなタイプの人が多いです。

3種の特徴

Keyword

自分の感情／愛されキャラ／ちゃっかり／ドライ

天真爛漫で楽しいことが大好きな愛されキャラ

3種は天真爛漫《てんしんらんまん》で、楽しいことが大好き。明るくて、おしゃべりで、愛嬌《あいきょう》があり、甘いものやカワイイものが大好きな愛されキャラです。判断基準は好きか嫌いかの自分の感情。自分の感情に対して素直で、ポジティブなことには向き合いますが、ネガティブなことに向き合うのは苦手です。

3種にぴったりのイメージが蝶々です。「綺麗な花を見つけてパタパタと飛んで行き、蜜を吸ったらすぐ次へ」というような感じで人と接していきます。そのため、本人に悪気はありませんが、「いろいろな人にいい顔をしている」と人から恨まれやすい面があります。だけど憎めないキャラなので「仕方がない」と思われるようなタイプです。

４種の特徴

Keyword

他人の感情／神秘性／マイナス思考／自己犠牲

はかなげでミステリアスで人の感情に左右されやすい

４種は人の感情に左右されます。自分の感情がわからず、他人のネガティブな感情に反応しやすい自己犠牲的なタイプです。線が細く、はかなげな印象で、生活感がなくミステリアスです。陰にある芯の強さが無意識の中で他者を引き込むようなところがあります。

４種はどこか浮世離れしているところがあり「残像が残る」ような感じの人です。たとえば、バス停に立っている姿がふと目に飛び込んでくる――そんなイメージです。極端な言い方をすると、柳の下の美しい幽霊みたいな存在感があり、ぼーっと立っている姿が気にはなるけど、主張はしてこないといった感じです。つかみどころのない雰囲気が、放っておけない魅力となるタイプです。

5種の特徴

Keyword

合理主義／スピード／同時進行／損得勘定／ドライ

合理性とスピードを重視するリーダータイプ

5種は合理性を重視します。また、瞬発力やスピードも重視し、損得勘定で瞬時に物事を判断していきます。新たな物事に挑戦して、結果を出すことに喜びを感じ、物事を同時進行で進めていくところがあります。リーダーに向いていて、経営者は5種を持っている人が多いです。

5種は負け戦には絶対に挑まず、常に勝ちにいきます。たとえば、プレゼンで負けたとしても、「次は絶対に勝ち取る」みたいな考えを強く持っている感じです。もっとも執着心があるわけではなく、怒っても時間の無駄と考えるようなところがあるため、感情的になって怒ることはあまりありません。合理的で淡々としているタイプです。

6種の特徴

Keyword

ロマン／ルーズ／陰の実力者／独自性の美学

夢の世界を生きているような神秘的な理想家

6種は神秘的で、理想家で芸術家肌です。ふわふわ浮いているような感じの人で、自分の世界があり、夢やロマンを語るのが好きです。夢の世界で生きているような、何を考えているかよくわからないところがあり、感情の起伏が激しい面があります。

6種はアーティスティックな感じの人です。たとえば、洋服を例に出してみると、ファストファッションなどは着ないで、「どこで買ったの？」とみんなから言われるようなアンニュイで一点物の洋服しか着ないといった感じです。みんなが「いい」と言っているものに魅力を感じないタイプで、カリスマとなるか夢想家となるか紙一重なところがあります。

7種の特徴

Keyword

怒り／勝利／派手／ブランド／仲間意識／体育会系

仲間意識が強く戦うことに生きがいを感じる

7種はパワフルで勝負好きです。大きいもの、強いものへの憧れが強く、たとえ困難でも勝負を挑むことに生きがいを感じます。派手好きで、ブランド物を好み、仲間をとても大切にしますが、自己主張が強く、勢いに乗ると周囲が見えなくなってしまうようなところがあります。

7種は仲間意識が強いので、みんなのためにがんばることが苦にならず、仲間が困っていれば、身を挺《てい》して困難に立ち向かっていきます、戦うことに意義を感じますので、たとえ負け戦とわかっているときでも戦いに挑む、親分肌・姉御肌と言われるようなタイプの人です。時には戦った相手に対してさえ、同じ困難に立ち向かった者同士として、絆が生まれることがあります。

8種の特徴

Keyword
仲間意識／体育会系／努力／忍耐／自己犠牲

自分よりも他人のことを大切にする縁の下の力持ちタイプ

8種も7種と同じように仲間を大切にしますが、人をサポートする縁の下の力持ちタイプです。我慢強く、がんばり屋で、努力家であり、人から頼りにされるのが好きです。自分のことよりも他人のことを優先しますが、そのために周りからは無理をしているように見られることもしばしばあります。

8種は「人の役に立ちたい」という思いが強く、人に寄り添うために、自分を犠牲にすることを厭《いと》いませんが、何でも他人を優先するため、自分の体が痛めつけられていても、そのことに気づかず、病気になって初めて気がつくようなところがあります。そうした自己犠牲を自己犠牲とも思わないような究極の鈍感力を持っています。

9種の特徴

Keyword
職人気質／本質／集中力／執着心

自分の世界を大切にする執着心の強い職人肌

9種は集中力が高い職人肌です。物事を鋭く見抜く目を持ち、孤独や自分ひとりの時間が好きで、自分の世界を完璧に構築しようとします。また、ひとつの「人・物・事」に対して執着心が強く、大事と思ったことに対してはとことん突き進み、とことん大事にしていきます。

9種はこだわりが強いため、人によって受ける印象が異なる場合があります。たとえば、好ましく思っている人には、9種はエネルギーを注ぎますので、そうした人たちからは「すごくやさしくて、良くしてくれるいい人」と言われるのに対して、嫌いと思っている人からは、「素っ気ない、冷たい人」と言われるといったように、人によって差が大きく生まれることがあります。

10種の特徴

Keyword

慈愛／博愛／スター性／執着心

抜群の包容力と深い愛情で多くの人から慕われるタイプ

10種は包容力があり、朗《ほが》らかで面倒見が良く、世話好きです。博愛の精神があり、愛情深く、多くの人から慕われます。自分に関わるすべての「人・物・事」に対して執着心が強く、すべてを手に入れたい思い、他者からの評価をとても気にするところがあります。

10種は慈愛に満ちています。誰かの世話をすることに生きがいを感じるところがあり、人に尽くしますが、詰めが甘いところがあります。そのため、相手に尽くそうとして手を出してみるものの、うまくいかなくて指の間からボロボロと抜けていくようなところがあります。また、みんなから好かれたいために、イエスマンになってしまうようなところもあります。

体癖の活用のポイント

1 定期的にチェックする

体癖のチェックは、チェックする前に何か大きな出来事があったなど、そのときの状況や気分などが結果に影響することもあります、そのため、定期的に行った方がより的確に自分の体癖を把握することができます。私が経営しているカウンセリングオフィスのスタッフは全員が定期的にチェックしています。

2 2つのモードでチェックする

人はいろいろな顔を持っているものです。そのため、チェック項目の回答も、どんな場面を想定するかによって異なってきます。特に仕事とプライベートでは、大きく変わることが多いので、仕事をしているときの自分を想定した「仕事モード」とプライベートの自分を想定した「プライベートモード」の2つのモードでチェックするのがオススメです。

【解説】

体癖のチェックは、半年に一度くらいのペースを目途に定期的に行うのがオススメです。もちろん、まったく変わらないこともありますが、それまでサブだった体癖がメインの体癖になるくらい大きく変わることもあります。繰り返し行って慣れてくると「こんなことがあると、こんな自分が出てくる」といった自分の傾向がわかるようにもなります。

また、「仕事モード」と「プライベートモード」でチェックすることで、仕事とプライベートにおける自分の考え方の違いなども明確になっていきます。質問の内容によっては、どちらかの場面しかイメージしにくいものもありますが、たとえば、「家事が苦にならない」であれば、「オフィスの机周りの整理整頓ができているか」といった感じで考えてみてください。

なお、チェックの際、「憧れている自分」や「なりたい自分」でチェックしてしまう人がいますが、回答するのはあくまでも「実際の自分」「現在の自分」です。その視点を忘れずにチェックしてみてください。

体癖を活用して自分のことをよく理解しよう

■自分の種を知ることは、自分自身を客観視するのに役立つ

体癖を理解すると、自分自身を客観的に捉えるのに役立ちます。

たとえば、私は仕事モードだと1種と5種が高くなりますが、プライベートモードではそれほど高くなりません。それは仕事のような公の場では、1種や5種の自分を演じているからと言えますが、長い間そうしていると板についてきます。そのため、プライベートの場面でも「しっかりされていて物事の考え方の展開が早いですね」とか「頭の回転が早いですね」などと言われることがありますが、そうすると自分では演じるつもりがなくても、必要な場面で1種や5種の自分を演じていることに気がつきます。

このように自分の特性を理解しておくと、「こんなときは、もっとこの種を出していこう」「いまの自分にはこの種が足りない」といった捉え方もできるようになり、自分の行動を論理的に見つめることができるようになります。

■チェックを繰り返していくことで、活用の幅も広がっていく

体癖を定期的にチェックすることは、自分の中の変化を捉えることにも役立ちます。どれも同じような点数で、該当する種がわかりにくいという人もいますが、初めはピンとこなくても、「私はこの種だ」とか、同僚や先輩など身近な人を「あの人はこの種が強そうだ」などとイメージしているうちに、日常の中で「私は今1種が出ている」とか「ここで8種をもっと発揮した方がいい」などとわかるようになっていきます。

また、自分に足りない種を客観的に見て、「この分野を伸ばしていこう」とか「この種っぽく行動しよう」と意識することで、少しずつ自分に変化をもたらすことができるようになります。チェックを繰り返していくことで、たとえば「自信がなくなると何種が高くなる」といったことが見えてくることもあり、自分にとって注意するべきサインの可視化に繋がることもあります。

このように体癖のチェックは、いろいろな形で活用することができますので、自分を知るための武器として、ぜひ取り入れてみてください。

フォーマルとインフォーマルを意識する

◆フォーマルとインフォーマルのバランスを取ることが大切

自分のことを客観的に理解するにあたっては、公の顔である「フォーマル」とプライベートの顔である「インフォーマル」の両面を意識して理解することも大切です。フォーマルとインフォーマルのバランスをきちんと取ることが、根本的な自信を持つことにも繋がるからです。

たとえば、私の例ですが、友人から会食に誘われて、仕事に繋がる可能性がある人を紹介されることがあります。そんなとき、フォーマルでもインフォーマルでも接することができるため、どの立ち位置で接するのがいいのか悩み、「フレンドリーに天真爛漫に振舞うものの、実は論理的に考えながら天真爛漫を演じている」みたいになるときがあります。そうすると、一見無邪気でも、素の自分ではないのでとても疲れますが、そうした

Column

ことが積み重なると体の中のエネルギーが低下し、元気がなくなります。

心が疲れたら、無理をしないのが一番ですが、「フォーマルとインフォーマルが曖昧で、無理に演じているから疲れるのだ」と気がつけば、きちんと軸を持つようにし、素の自分を取り戻すように心掛けることができます。

基本的にインフォーマルが充実し、ひとりの人間として自分で自分のことを認めることができると、自分のベースがしっかりしてきますので、外で演じるフォーマルな自分も認めることができます。しかし、どちらかが崩れると一緒に崩れていき、自分のことを肯定することも難しくなります。また、仕事がハードになればなるほど、プライベートな時間で自分を解放しないと、しんどくなる一方ですが、だからといってプライベートの弛緩《しかん》した時間ばかりで刺激がなくても満たされず、自信を持ちにくいものです。両者のバランスをうまくとることが大切なのです。

フォーマルとインフォーマルを意識することは、インポスター症候群の克服にも繋がりますので、頭に入れておいてください。

【まとめ】ここまでの内容を簡単にまとめてみましょう

インポスター症候群を克服するには、見失ってしまった自分を取り戻すことが大切です。そのためにも、自分の心の状態を整理し、理解しておくことが大切ですが、心は目に見えないものなので、漠然と理解しようと思っても、受け止めにくいものです。そこで、人の心を理解するための理論を知り、心を構造化する意識を持つことを日頃から心掛けておきましょう。

自信について理解を深める

インポスター症候群克服のキーワード

ここまでご説明してきたとおり、インポスター症候群に陥っている人は自分に自信を持つことができません。自分の能力や価値、考え方や行動を正しいと信じることができなくなっています。自信を持つことはインポスター症候群の克服に繋がること。そこで、改めて〝自信〟について考えてみましょう。

自信の形成にも関わる「自尊心」と「承認欲求」の関係

■自信のなさを他人の評価で埋めようとすると問題が生じる

みなさんは今「自信がある」と言えますか？

「自信がない」なんて言えない。
自信がないようではダメだと思う。
自信満々な人を見ると羨ましい……

「自信がある」と言えなければ、こんなふうに思うかもしれません。自信は大切なもの。常に持っていたいもの――そんなイメージを持っている人は少なくないでしょう。

もちろん自信がないよりは、自信がある方がいいと思います。自分を信じることができれば、心にゆとりができ、気持ちも前向きになりやすいですし、自分らしくイキイキとした時間を過ごすことができるでしょう。

しかし、強い自信は過信になってしまうこともありますし、傲慢《ごうまん》さに繋がってしまうこともあります。自信がないことを悪いことのように捉える人もいると思いますが、自信がないために慎重になり、それが良い結果を生むこともあります。自信がないことが、必ずしも悪いわけではありません。そもそも自信満々に見えるような人でも、常にポジティブでいられるわけではありません。自信がなくなる瞬間は、誰にでも訪れるものです。

ただ、そうした自信のなさを冷静に受け止めることができればいいのですが、自分の中の自信のなさを、他人に認めてもらうことで埋めようとする人がいます。確かに、他人から認められることは自信に繋がりますし、他人から認められたいと思うのは自然なことです。しかし、その傾向が過度に強いと、常に不安や恐怖が隣り合わせとなってしまい、問題が生じてきます。

■自信の源にもなるプライドには「自尊心」と「承認欲求」がある

自信の形成に関わるものとして着目したいのが〝プライド〟です。プライドというと「王者としてのプライド」「プライドを持って仕事をしている」といった肯定的な意味合いで使われるときもあれば、「鼻持ちならないプライド」「プライドが高すぎる」といった否定的な意味合いで使われるときもあります。そのため、人によって連想するイメージもまちまちだと思いますが、それはひとつには、プライドには〝自尊心〟と〝承認欲求〟の2種類があるからです。

今申し上げた「他人の評価で自信を埋めようとする人」は、自尊心があまり高くない一方で、承認欲求が強い傾向があります。

【自尊心について】

〝自尊心〟は「自分を大切なもの・尊いものと信じてあげる気持ち」のことです。自尊心が高い人は、自分のことを尊いと思い、大切にすることができます。いい意味で自分に自信もゆとりもあるため、他人も大切にすることができ、他人の評価に左右されることなく、自分がいいと思うことを自分の責任で全《まっと》うすることができます。自分のことが大好きで、自己愛が強いために、自分勝手に自分がいいと思うことを行う人もいますが、そうした自己中心的な振舞いとはまったく異なり、自分の身の丈にあったことに対して、きちんと責任感を持って取り組むことができる人が、自尊心の高い人です。

【承認欲求について】

〝承認欲求〟は「他人から認められたいという欲求」のことです。誰かに認められることで安心するタイプの人は、承認欲求が強いと言えます。わかりやすい例だと、ＳＮＳで〝いいね〟をたくさん求めるような人が当てはまります。

承認欲求が強い人はセルフイメージが低く、自信がない傾向があります。他人から褒められないと心が満たされないため、他人の存在によって自分の存在価値を保つようなところがあり、自尊心はあまり高くありません。自分のことを大事に思うことができず、何かに依存してしまう傾向もあります。

そうした面だけ見ると、承認欲求は悪いもののように思えるかもしれません。実際、承認欲求という言葉は世間に広く知られるようになり、日常的に使われるようになりましたが、たとえば「あの人は承認欲求の塊《かたまり》だから付き合いにくい」というように否定的なニュアンスで使われることが多く、「承認欲求がある人＝悪い人」みたいなイメージが広まっていると思います。

しかし、承認欲求があるからこそ、がんばろうと思えたり、前向きな気持ちになれたりするところもあります。承認欲求があることが、悪いわけではありません。そもそも承認欲求はほとんどの人が持っているものです。中には自分の世界観だけで生きていて、承認欲求のない達観したような人もいますが、自分の中に承認欲求を感じたとしても、否定する必要はありません。

ただ、承認欲求ばかりが強くなってしまうと、自分の身の丈にあったことをしないで、認められたいというプライドばかりが強くなり、攻撃的な態度で承認欲求を求めるようになりかねません。そうなると、対人関係にも問題が生じてきます。

■自尊心がどのくらいあるかが、承認欲求の強さに関連する

承認欲求の強さの度合いは、基本的に自分の中にどのくらい自尊心があるかに関連してきます。自尊心があれば、「承認欲求＝他者評価」をさほど得られなくても、自分の中に確立したものがあるため、そこまで承認欲求に依存することはありません。しかし、自尊心が低いと、他人から評価してもらわないと心の隙間《すきま》が埋まらないため、承認欲求が強くなります。

承認欲求が強い人の中には、自分を肯定してくれるイエスマンばかり周りに集める傾向がある人もいます。もっとも、それによって小さな自信を持つことはできても、本当の意味での自信は持てません。小さい頃はそれでもいいかもしれませんが、大きくなるにつれ、周りがステップアップしていく中で、自分が成長している手応えを感じられないと、取り残されていくように感じるものです。そうすると、無条件に肯定してくれるイエスマンにいくら認められても、「この人達に認められて満足しているようでいいのだろうか……」と自分でもどこかで思ってしまいます。そうした胸の内を悟らせないために、自尊心があ

るように振舞ってみても、それは偽りの自尊心であり、本当の意味で自分のことを大切には思えていないのです。心の奥には「どうせ私なんて……」といった否定的な感情が知らず知らずのうちに芽生えています。また、自尊心が究極に低く、自分のことをまったく尊いと思えなくなり、他に心の居場所が見いだせなくなると、リストカットや摂食障害といった自傷行為に走る人もいます。

●リストカットについて

リストカットは必ずしも自殺の意図で行われるわけではありません。痛い思いをして自分に衝撃を与えることで、嫌なことを一瞬忘れ、辛い現実から目を背けることもできるために行われることがあります。ほかにも、痛みを感じて生きているという感覚を味わいたいという思いや、他人でなく自分で自分をコントロールしたいという思いなどが絡むこともありますが、いずれにしても自尊心が低下し、自分を見失いかけているためにしてしまう傾向があります。心のどこかで自分を認めて欲しいという気持ちがあり、満たされない状態が続くと繰り返し行ってしまうなど、依存性が出てきてしまうこともあります。

●摂食障害について

摂食障害は主に女性が陥りやすい傾向があると言われています。死ぬほど食べたり、食べては吐いたりということを繰り返したりするわけですが、それは気持ちが悪いことに意識を向けることで、嫌なことを一瞬忘れられるためでもあります。また、食べたものを吐き出すことによって、自分で自分をコントロールできる感覚を得られるので、支配されたくないという思いから陥ることもありますが、やはりリストカットと同じように、自尊心が低下していることで陥ってしまう傾向があるとも言えます。

インポスター症候群に陥っている人は、「自分に自信がない」とよく言われますが、他人の評価で自信を埋めようとしても、自分のことを尊いと思えなければ、本当の意味で自信を持つことは難しいです。大切なのは自尊心です。誰かと比べることだけで心の隙間を埋めていたら、それは手放しましょう。自分は自分として捉え、他人を批判するでもなく、あの人はあの人でいいところがあると、ゆとりを持って認めることができるのが、理想的な心の持ち方です。

■自尊心が空っぽだとプライドが傷つきやすく、怒りの感情が湧きやすい

プライドには〝自尊心〟と〝承認欲求〟の2種類があることが、おわかりいただけたと思いますが、このことを理解しておくと「プライドを傷つけられた」と怒り出す人の心のメカニズムが理解しやすくなります。

何か意に沿わないことを言われて、「プライドを傷つけられた」と怒り出す人は、自己評価やセルフイメージが低い傾向があります。他人の評価で自信を補完しているため、心理的に不安定になりがちで、プライド高く振舞ってみせるものの、些細なことで傷ついてしまう脆《もろ》さがあります。

そうして実際にプライドを傷つけられたと感じると、攻撃的になり、怒りをもろにぶつけることもありますが、それは自尊心が不足しているからです。極端な言い方をすれば、自尊心が空っぽなわけです。鎧《よろい》をつけて必死に守っている自尊心が攻撃されたと感じることで、不安や恐れの感情を抱き、それを隠すために怒りを前面に出すのです。その背景には、往々にして承認欲求の強さが隠れています。

プライドは２種類

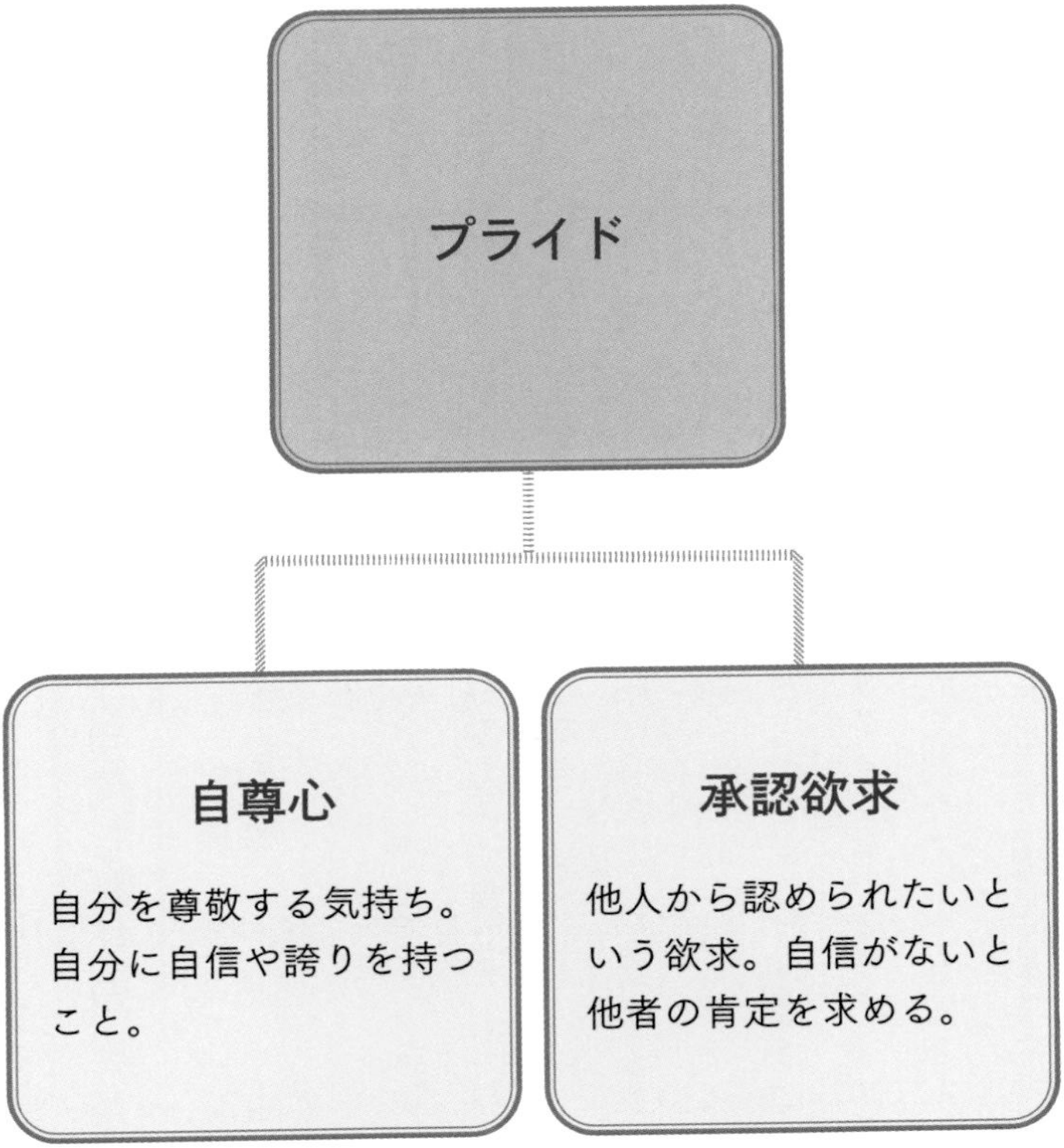
プライド
自尊心
自分を尊敬する気持ち。自分に自信や誇りを持つこと。
承認欲求
他人から認められたいという欲求。自信がないと他者の肯定を求める。

承認欲求の強さの度合いは、基本的に自分の中にどのくらい自尊心があるかと関連する。

ふたつの「じりつ」と「自己効力感」が自信に繋がる

■自信の形成に必要な「自立」と「自律」

自信を持てるようになるためには、ふたつの〝じりつ〟――〝自立〟と〝自律〟を促すことも意識したいことです。同じ読み方の〝自立〟と〝自律〟ですが、どちらも自信の形成にはとても大切なものです。

【自立について】

〝自立〟は「自分の力で物事を進めていくことができる」ということです。「自立が大切」というと、精神面の自立をイメージされる方も多いと思いますが、同じくらい忘れてはならないのが経済的な自立です。もちろん、他人に依存していたら、なかなか自信も生まれませんので、精神的に自立することが大切なのは言うまでもありません。それは前提として、ここでフォーカスしたいのは、経済的な自立です。なぜなら経済的な自立は、「生活できるか」という生きていくうえでの根幹に関わってくることだからです。ここが自立できていないと、精神的に自立できていたとしても、自信も生まれにくいものです。

経済的な自立は、モラハラ（モラルハラスメント）やDV（ドメスティックバイオレンス）といった夫婦間の問題にも深く関わってきます。モラハラやDVを受けていると、自分のことをどんどん否定的に捉えてしまうようになります。自己肯定感は下がり、自信も失われていく一方ですが、そんな生活に耐えきれなくなって「離婚したい」「別れたい」と思っても、そこで直面するのがお金の問題です。お金の心配がなければ、一歩踏み出す勇気を持ちやすいですが、経済的な見通しが立たない状態では、なかなか踏み出すことができません。

明日からどこに住むのか……
別れたとして、どうやって暮らしていけばいいのか……

それは切実な問題です。経済的な自立ができないために、辛い現状に甘んじてしまうケースは少なくありません。私はモラハラやDVに悩む女性を積極的に支援してきたこともあり、こうした相談を何度も受けてきましたが、夫の収入を得なければ生活できなかった相談者が、職を得て、夫の生活費を当てにしなくても生活できるようになることで、強く、逞《たくま》しくなる姿を見てきました。経済的な自立は、心の持ち方にも影響する大きな問題です。

【自律について】

もうひとつの〝自律〟はセルフコントロールのことで、「主体的に自分自身が立てた規範に従って行動する」ということです。自律の反対は〝他律〟ですが、他人の規範や命令によって行動する人は少なくありません。自分で自分を律するのは、案外難しいことです。

私がよく受ける相談で、自律に問題を抱える代表的な例としては、摂食障害の人があげられます。たとえば、真面目で感受性が豊かで、親の期待に応えることに全力をあげてきた子供が、あるとき「最近、少し太ったんじゃない？」と親に言われ、それを機に極端なダイエットに走り、摂食障害に陥ってしまうようなケースです。〝親の言葉がすべて〟な子供は、親が軽い気持ちで言ったことでも深刻に受け止め、必死に改善しようとするわけですが、それは自律ができていないことの表れです。そのように親の目だけを意識して成長していったら、自律ができない大人になります。どれだけ身なりに気を使い、一見すると自分をコントロールできている素敵な大人に見えたとしても、親のために身なりを整えることに心血を注いでいたら、それは他律です。

自分で自分の行動をコントロールできなければ、なかなか自信も生まれてきません。自分の中に確固とした規範があって、それに従ってきちんと自分を律することができてこそ、自信も生まれてくるものです。

■「自己効力感」が高まると自分を信じることができるようになる

たとえば、何かに挑戦しなければならないとき、「これならできるだろう」

「きっとなんとかなるだろう」と思えるときがあると思います。そうした成功を信じられる感覚が〝自己効力感〟です。英語で〝Self-efficacy〟と言い、カナダ人の心理学者アルバート・バンデューラ博士によって提唱されました。

自己効力感も自信の形成には欠かせないものです。自己効力感があると、物事に対して積極的になることができます。それが自尊感情の高まりに繋がり、自信を持つことに繋がります。そうすると心が満たされ、それがさらなる成功へ繋がり、自己効力感の高まりにも繋がるといった好循環をもたらします。

自己効力感を高めるために大切なことは、基本的には〝成功体験〟を重ねることですが、時には〝気持ちの切り替え〟も大切になります。

【成功体験について】

自己効力感は、成功体験や達成体験を積み重ねることによって、得られていくものです。

一度うまくいったことがあると、次に同じような場面を迎えたときに、「今回もうまくできるだろう」と思えてくるものです。そうした成功を繰り返していけば、「このことは大丈夫。心配ない。うまくやれる」といった感覚が根付いていきます。

こうした感覚は、自分が実行してうまくいったことだけで養われるわけではありません。他人がうまくいったところを観察することで、「ああいうふうにやれば、自分もうまくできるだろう」と感じることもあれば、指導者など他の人からどうすれば成功するか説明してもらったり、励ましてもらったりすることで、「自分にもできそう」と思えることもあります。その感覚をもとに実行し、実際に成功すれば、さらに自己効力感が高まっていきます。

ただし、注意したいのは、成功さえ積み重ねれば、それだけで自己効力感が高まるわけではないということです。自己効力感は、自分の心の中に満たされるものがあり、それが成功体験や達成体験とリンクしたときに得られるものです。いくら成功を収めても、そのとき自分に元気がなかったり、その過程に満足がいかなかったりしたら、自己効力感は得られにくいのです。

これはスポーツのような勝負事だとわかりやすいと思います。たとえば、試合を行って、結果だけ見れば、勝利を収めたとしても、ベストを尽くすこともなく、単に相手の自滅によって手に入れた勝利だったら、真の意味での満足感は得られにくいでしょう。実質的に負けていたのに運だけで勝ったとしたら、ほとんどの人は、「次もまた勝てるだろう」といった感覚は得られないと思います。

仕事の場面で考えても同じことです。死に物狂いでがんばることで、大きな成果を得られたとしても、それで疲れ果ててしまったら、成功した喜びよりも「次回もまた同じようにできるだろうか?」といった不安を覚えてしまうと思います。いくら素晴らしい成功を収めても、燃え尽き症候群の代償として得たものだったら、素直に喜ぶことはできません。

このように傍《はた》から見れば大成功で、周りがどれだけ称賛したとしても、本人の心の中に満たされるものがなければ、成功体験にはなりにくいのです。成功体験にならなければ、自己効力感も得られませんので、注意してください。

【気持ちの切り替えについて】

自己効力感を得るためには、気持ちを切り替えることも時には有効です。困難にぶつかったときに、「無理だ……」と思ってしまわずに、「何とかなるだろう」と思い込んで、無理にでも気持ちを切り替えることです。嫌なことが頭から離れず、気持ちが沈んで前向きになれないとき、いろいろな思いが頭の中を駆け回っているうちに、最後には何とかなると思えた——そんな経験をしたことがある方は多いはずです。

性格的に楽観的になるのが難しい方もいると思いますが、切り替えることを意識しなければ、なかなか切り替わりません。ベストを尽くしてダメなら仕方のないことです。失敗に終わっても、それまでの努力を見てくれている人だっています。そうした気持ちの切り替えも大切です。

また、目の前に壁があるときは、概して視野が狭くなっています。別の視点を持つ第三者が簡単に答えを出し、成功に導いてくれることもありますので、日頃から信頼できる人間関係を築いておくことも大切なことです。

自信は「しぐさ」などにも表れる

■しぐさから本音を読み取ることができる

心理学のひとつに〝行動心理学〟というものがあります。これは簡単に言うと、人の行動やしぐさから、その心理を読み取る心理学で、人間が無意識に行うしぐさには、本音が隠れていたりするものです。

たとえば、大きなプレゼンテーションに臨む人が、口では「大丈夫、うまくやれます。自信があります」と言ったとしても、伏し目がちに話していたら、本当は自信がないのかもしれません。ことわざで「目は口ほどに物を言う」「目は心の窓」「目は心の鏡」などと言いますが、相手の目を見て、その心の中を感じ取ったことがある方は、少なくないでしょう。自信がなければ、その自信のなさがどこかに表れてしまうものです。

■ノンバーバルコミュニケーションも大きな役割を果たす

コミュニケーションというと、「言語によって自分の気持ちや意見、情報などを伝えること」と捉えている方も多いと思います。確かに何かを伝えるとき、言語が大きな役割を占めることが多いのは間違いありません。

しかし、言語だけがコミュニケーションの手段ではありません。みなさんはノンバーバルコミュニケーションという言葉を聞いたことはあるでしょうか？

〝ノンバーバル〟とは「非言語。言語によらない」という意味ですが、身振り手振り、ジェスチャー、視線や目の動き、しぐさ、声のトーンや大きさ、表情、相手との距離、体勢など言語以外の要素によるコミュニケーションのことを、ノンバーバルコミュニケーションと言います。

たとえば、職場で忙しそうにしている同僚が、眉間にシワを寄せながら貧乏ゆすりをしていたら、何も言葉を発していなくても、「イライラしているのかな……」と感じることでしょう。このように、言葉はなくても伝わることがたくさんあるのは、みなさんの実感としてもご理解いただけると思います。

また、言葉で伝えるときでも、ノンバーバルコミュニケーションが伝達内容に大きく影響します。同じ「ありがとう」と言うにしても、投げやりに不貞腐《ふてくさ》れた態度で言われたら、ありがとうの言葉が意味する〝感謝〟の気持ちは感じ取れないと思います。これは感情を伝えるコミュニケーションにおいて有名な〝メラビアンの法則〟という心理学の法則でも明らかになっています。アメリカの心理学者アルバート・メラビアン博士が「行為や反感などの感情を伝えるコミュニケーションで矛盾した情報発信がされた場合、聞き手はどの情報を優先させるのか」を検証したところ、〝言語情報〟を優先する人が7％なのに対して、〝聴覚情報〟は38％、〝視覚情報〟は55％という結果を得ました。ノンバーバルコミュニケーションである聴覚情報と視覚情報を合わせて93％と、圧倒的に多くの人がノンバーバルコミュニケーションを優先しています。

ですから、先ほども申し上げたとおり、いくら口では「自信があります」と言ったところで、その態度から自信が感じられなければ、相手は「口では自信があると言っているけど、実際は自信がないんだろうな……」と判断してしまう可能性が高いのです。自信があるのに、自信なさげに振舞うことで「自信がないのだろう」と思われたら、もったいないことだと思います。

■ノンバーバルコミュニケーションの強化も大切に

このようにノンバーバルコミュニケーションの重要性を理解しておき、自分自身の見せ方を意識することも大切です。無理に背伸びをしたり、こけおどしになったりするのは良くありませんが、自信が持てないなら、自信がありそうな態度を取って、形だけでも整えてみるのです。形から入るというと、「中身もないのに形だけ真似ている」と否定的に捉えられがちですが、信頼性を生むしぐさや振舞い、表情や目線などを常に心掛けていることで周囲の見る目が変わり、そうした周りの環境の変化で自然と自信がつき、それが本物の自信に繋がっていくこともあります。

今まで特に意識してこなかったという方は、ぜひノンバーバルコミュニケーションを強化することを心掛けてみてください。

ノンバーバルコミュニケーションにはさまざまなものがありますが、自信にも関わってくるものとして、日頃から意識しておきたいものをピックアップしました。

伏し目がちになる

先ほど例にもあげたとおり、目線は大切です。**伏し目がちな人からは自信が感じられません**。たとえば、誰か立候補者を募《つの》るときに、目線を合わせてくる人からは自信が感じられると思いますが、伏し目がちな人からは自信が感じられないと思います。会話をするときでも、ずっと伏し目がちに話していたら、せっかくいい話をしても、その良さが十分に伝わらないかもしれません。注意しましょう。

顔を隠す

口元を覆うなど、**顔を隠すことは、心を見せたくないということ**です。新型コロナウイルスが流行する前に、花粉症でもないのにマスクをする若者が増えて話題になりましたが、マスクを鬱陶《うっとう》しく思うよりも、むしろ落ち着くから付けていたいと思うなら、気持ちが内側に入っているのかもしれません。日差しがまぶしいといった理由もなく、サングラスをかけていたいと思うような場合も同様です。

non-verbal communication

自信にも関わる意識しておきたいノンバーバルコミュニケーション

肩が内に入る

いわゆる**猫背は自信や元気がなさそうに見えてしまいがち**です。また、首や肩が凝るといった健康面にも悪い影響を及ぼしますが、心と体は繋がっているものです。体の元気がなくなると、心の元気もなくなっていき、自信がなくなることにも繋がっていきます。日頃から姿勢を良くすることを心掛け、肩が内に入ってきていることに気づいたら、意識的に肩回しをするなど、改善に努めましょう。

手を閉じる

意外に思う方もいるかもしれませんが、**手のひらを見せるのは、心がオープンということ**です。手をギュッと握っていたら、隠したいことや不安なことがあったり、自信がなかったりするのかもしれません。また、無意識に自分の体に触れて気持ちを落ち着かせようとすることを「自己親密行動」と言いますが、体のどこかを手で触れているときは、不安だったり、自信がなかったりするのかもしれません。

大切なのは素の自分が自信を持てるようになること

■素の自分が自然に自信を持てることが理想

インポスター症候群に陥る方は、自分を過小評価していますので、克服するために自信を持つのは大切なことです。

しかし、自信がある方がいいからといって、虚勢を張るように、変に自信を持とうとしても、ただの過信や勘違いで終わってしまいかねません。滅多にない晴れ舞台の前など、緊張してしまうような場面で、うまく乗り切れる自信が湧いてこないときに、「大丈夫。自分ならできる」と自分で自分を奮《ふる》い立たせることが有効なときもありますが、日常生活においては、ありのままの〝素の自分〟が、自然に自信を持てることを目指しましょう。

■バイアスによって本当の自分が見えなくなる

〝素の自分〟とは、何も無理せず、素でいられる自分のことです。ほとんどの人が自分一人でいるときは、素の自分でいられるはずです。

どんな自分が素の自分なのか、いまひとつよくわからない場合は、そうした一人でいるときなど、フラットに自分を見ることができるときに、「これが素の自分だ」と認識したうえで「誰と一緒にいるときに素の自分と同じ自分でいられるか」とか、「どこにいるときに無理のない自分でいられるか」といったことを意識すると、だんだんと見えてくると思います。

もっとも、素の自分をわかるのは、案外難しいものです。「自分で自分のことがわからない」というのは、決して珍しいことではありません。

物事を判断する際、思い込みや経験といった先入観によって、合理的でない判断をしてしまうことを、心理学用語で〝認知バイアス〟と言いますが、私たちは先入観によって偏った判断をしてしまいがちです。「自分のことなら自分が一番よくわかっている」と思われる方もいると思いますが、意外とそういう人でも「自分はこういう人間だ」と既に作り上げた自分のイメージがあり、その影響で客観視ができなかったりするものです。自分では気がつかない一面を、第三者が冷静に見ているというのはよくあることで、誰でも自分の中にある思い込みから逃れることは難しいのです。

また、バイアスがかかっていると、だんだんそのバイアスがかかっている自分を本当の自分のように思ってしまったり、いろいろなバイアスが積み重なっていくことで、本当の自分が見えなくなっていったりすることもあります。

私の周りにも、相手によって全然違う嘘をつき、それが周囲には知られていないと思っていた人がいましたが、そういう人は、自分のバイアスがかかりすぎて、自分でも自分のことがよくわからない状態になっていると思います。本当の自分に気がつく瞬間もあるとは思いますが、それを受け止められず、そのままではいけないと思っても、「バイアスがかかった自分の方が人に好かれる」とか、「本当の自分を見なくていいから楽」とか、「こんな自分を受け入れてくれる人もいる」といったことに目を向け、楽な方へ逃げてしまうのだと思います。

■自分と向き合うことを大切に

私は仕事柄、自分と向き合うことが好きで、どうすれば自分をコントロールできるかじっくり考えるタイプですが、一般的には自分の至らない部分と向き合うことに対して、辛く感じる方が多いと思います。確かに、自分の本質を見て、ダメな部分が浮き彫りになるのは楽しいことではありません。人によっては、そこから自己嫌悪や自己否定に陥ってしまうこともあるでしょう。

まして他人から自分のダメなところを突きつけられたら、人格が否定されたような気がしてしまうかもしれません。しかし、私はそれは否定ではなく、「諭《さと》してくれている」と捉えるべきだと思います。

今は自分に都合のいい情報ばかり集まってきやすい時代です。自分を見つめ直し、軌道修正する機会に恵まれることが減りがちな一方で、ハラスメントの問題もあり、指摘をしにくい世の中になりました。そうした中で、自分の良さを認めながらも「もっとこうした方がいい。その方が生きやすい」と言ってくれるのであれば、ありがたいことだと思います。もちろん、言い方やタイミング、本当に自分のことを思って言ってくれているのかといったことで受け止め方は変わりますが、自分の弱点を知ることは間違いなく成長のチャンスです。そこから目を背けずに、きちんと向き合って改善していくことが、将来、より豊かな時間を過ごすことに繋がっていきます。素の自分は年齢や経験を積むだけでは変わっていきにくいものです。ある程度、自覚したり、認識を持ったりしないと変わりませんので、自分と向き合うことを意識してみてください。

■ネガティブなことが悪いわけではない

素の自分を顧《かえり》みたとき、人にとっては、そこにネガティブな自分がいるかもしれません。ネガティブというと否定的に捉えられがちですが、私はネガティブであること自体が悪いとは思いません。

人間の心情をプラスマイナスゼロのフラットな状態を基準としたときに、それよりもマイナスの考え方がデフォルトで、常に低空飛行でいるのがネガティブのイメージですが、本人にしてみれば、その思考が心地良いこともあります。

物事を悲観的に見てしまうのは、慎重派と捉えることもできますし、基本が低空飛行なために、感情の浮き沈みがそこまで大きくない場合もあれば、人と距離を取るために、人に感情を揺さぶられることが少ない場合もあります。それはメリットと言えるかもしれません。常にマイナスに見ていることで、そこまで大きく傷つくことがなければ、意外と大きなマイナス感情に悩まされることも少ないかもしれません。そんな自分に自信を持っていいと思います。

ですので、そうした自分をきちんと認め、「私はいつもこの立ち位置だから」としっかり受け止められていれば、ネガティブでもいいのですが、「こんなネガティブな自分ではいけない」「こんな暗い自分ではダメだ」などと思い、無理した自分を演じていると、心が落ち着きません。自分で自分を認めてあげることができない状態では、ネガティブなりの自信も持てず、どんどん疲れていき、自分を見失ってしまいます。

ネガティブでも、それを否定する必要はありません。納得して、受け入れられればいいだけのことです。ありのままの自分を大切にしてください。

自分のことを的確に判断するのは難しいこと

◆自分を過大評価する「ダニング＝クルーガー効果」

インポスター症候群に陥っている人は、自分を過小評価してしまうわけですが、その逆で、能力の低い人が自分を過大評価してしまう「ダニング＝クルーガー効果」という心理現象もあります。

ダニング＝クルーガー効果は、アメリカのコーネル大学でデビッド・ダニング博士とジャスティン・クルーガー博士が行った研究から名づけられた認知バイアスの一種です。博士たちは学生に対して「ユーモアセンス」「英文法」「論理的推論」のテストを行い、さらに本人に自分の順位を予想してもらったところ、能力の高い学生は実際の順位よりも低く評価するのに対して、能力の低い学生は実際の順位よりも高く評価するという現象が起こりました。このことから、「能力の低い人は、自分の能力が低いこと

Column

を認識できていないうえに、他人の能力も正しく認識できていないために過大評価してしまう」一方で、「能力の高い人は、他人を過大評価してしまうために、自分の評価を誤ってしまう」ということがわかりました。

実際の能力以上に自分を優れていると錯覚すると、周りの意見を受け付けなかったり、努力を怠《おこた》ったりするほか、困難に直面して自分の能力のなさを思い知ったときに、どうしていいかわからず、何もできなくなってしまう傾向があります。自分を過大評価することで、常に自信を持っていられるという面もありますので、すべてがマイナスというわけではありませんが、やはり自分の能力は適正に評価できることが望ましいです。

能力が高くても、低くても、自分ではその能力通りに評価しづらいということは、自分の能力を的確に判断することが、いかに難しいことであるかを表していますが、できるだけ的確に判断するためには、自分のことを客観視する目を養うことが大切です。日頃から一歩引いて、俯瞰《ふかん》的に自分を見ることができるように心掛けてください。

【まとめ】ここまでの内容を簡単にまとめてみましょう

自信を持てるようになるためには、「自尊心を高めること」や「自立と自律を促すこと」、「自己効力感」を高めることが大切です。また、自信はしぐさにも表れます。ノンバーバルコミュニケーションを強化することも心掛けましょう。

自分を的確に評価するのは難しいことですが、ありのままの素の自分が自然に自信を持つことができるように、自分と向き合うことも大切にしてください。

インポスター症候群を克服するために

自己肯定感を高めることが克服の道

インポスター症候群を克服するために必要なのは、自己肯定感を高めることです。前章でご説明した自信がつけば、自己肯定感も自然とあがっていきますが、ここでは心理学のメソッドなども交えながら、より具体的に自己肯定感を高めることに繋がることをご紹介していきたいと思います。

居場所を見失っていたら要注意

■居場所は自分の存在が確認できる場所

自己肯定感を高めるためのポイントとして、最初にお伝えしたいことは「居場所があることが大切」ということです。〝マズローの欲求5段階説〟をご説明した際（177頁）にも触れましたが、居場所は心の拠《よ》り所になるものです。

心理学の用語で〝心理的居場所感〟というものがありますが、居場所とは単なる空間的な場所にとどまりません。心理的な側面も含めた場所のことです。居場所とは自分の存在が確認できる場所であり、良好な関係性が築かれた安心できる環境においては、「無理なく自分らしくいることができる」「みんなに受け入れられている」「きちんと役に立っている」といった肯定的な感情を持つことができます。

■どこにも居場所がなければ、心は疲れていく一方となる

居場所がないと心が休まることがなく、メンタルヘルスにも悪い影響を及ぼします。たとえば、自分が思う能力以上の高い評価を受け、常に無理が必要な環境で仕事をしていたら、職場ではヘトヘトに疲れてしまうでしょう。インポスター症候群に陥っても不思議ではありませんが、会社を離れれば、心から安心できる家族やパートナーがいて、寛《くつろ》いだり、安らいだりすることができれば、そこで張り詰めた気持ちをリフレッシュすることができます。

ところが、ずっと緊張しっぱなしの仕事から開放されても、冷え切った関係の家族が待つ家に帰るしかなく、些細なことでも文句を言われるような毎日だったら、オンとオフを切り替えることもできないでしょう。それでは心も体も休まることがありません。

それでもまだ、自分を快く受け入れてくれる〝行きつけのお店がある〟など、どこかに居心地のいい場所があれば、リフレッシュできる余地は残されていますが、「どこにも居場所がない」となると、心は疲弊していく一方です。

マズローの欲求5段階説でも、自分の居場所を求めることが含まれる〝所属と愛の欲求〟は、〝生理的欲求〟〝安全の欲求〟の次に来る欲求でしたが、ある程度安全に生活できていれば、人は居場所が欲しいと思うものです。

■自己開示によって信頼関係ができあがっていく

どこにも居場所がなかったら、気持ちが安定することがないため、低くなっている自己肯定感を高めることも難しくなります。自分に自信を持てない方や、自分で自分のことを認めることができない方は、まず、自分の居場所がどこにあるのか考えてみてください。もし、どこにも居場所がなければ〝自分にとっての心地良さや安心感〟とは何かを確認してみましょう。居場所がない人にとって、居場所を見つけるのは大変なことかもしれませんが、難しければ、意識して安心できる環境を整えることを心掛けてみてください。

居場所を作るために必要なことは、何でも話せるような信頼できる人間関係を構築することです。そのためには自分を開示することが重要になります。心理学用語で、ありのままの自分を開示することを〝自己開示〟と言いますが、プライベートなことや、自分の感情、意見などを話すのは、相手を信頼しているからこそできることです。自己開示をすれば、相手は親しみを覚えます。そうして、相手も同じように自己開示をすることによって、お互いの理解が深まり、信頼関係ができあがっていきます。

心が疲れてしまっているときに、一から信頼関係を築いていくのは、余計に疲弊してしまうので、できれば平時の元気なときに、いろいろなことを話せる人間関係を構築しておくことが望ましいです。

■信頼できる人がいない場合は、カウンセラーを活用するのもひとつの手

もっとも「信頼できる人になかなか出会えない」という人もいると思います。もしかしたら、自分で壁を作ってしまっているだけかもしれないので、本当に信頼できる人がいないか、一歩引いた目で自分を客観視してほしいところですが、冷静に考えてみても、信頼できる人が見当たらない場合もあると思います。

相手を選ぶのは大切なことです。自己開示をして、弱いところまでさらけ出せば、相手との距離は縮まるかもしれませんが、信頼に足る相手でなかったら、傷つくだけで終わってしまいかねません。環境的に人に恵まれない場合もあれば、性格的に疑《うたぐ》り深かったり、過去に人に裏切られた経験があったりして、信頼できる人を見極《みきわ》められない場合もあるでしょう。

ですので、もし信頼できる人が周りにいなかったら、無理に信頼関係を築こうとせず、カウンセラーなどの専門職を頼るのも、ひとつの手です。

今の日本はメンタルヘルスの不調に対して、十分な未然防止ができているとは言い難く、問題が起きてから動くのが一般的ですが、私は未然防止のためにカウンセラーを活用することが、もっと普及してほしいと思っています。

私のカウンセリングオフィスに来るクライエントは、未然防止のために来る方も多く、具体的に改善したい問題がなくても、心の調子を整えるために、気軽にカウンセリングを受けに来られます。そうすると、クライエントの気持ちがすっきりするのに役立つのはもちろん、クライエントの平時の状態をカウンセラーが把握しやすくなるため、いざ不調に襲われたときに、平時の状態と何が違うのか把握しやすく、より効果的なカウンセリングに繋がりやすいというメリットがあります。

日本ではカウンセリングを受けることに高いハードルを感じる方が多いですが、欧米ではカウンセリングは気軽に受けられるものとして普及しており、特別なものではありません。どこにも居場所がなく、相談できる相手や安心できる環境を見つけられなければ、相性のいいカウンセラーと出会うために、ホームドクターを見つけるような感覚で、試しにカウンセリングを受けてみるのもいいと思います。

もちろん、心の不調を覚えてからカウンセリングを受けてもいいのですが、そうすると回復までの時間が長くなりがちです。早めに対処すれば、それだけ早い解決に繋がることが多いのは、心の問題でも同じことです。居場所が見つけられず、気持ちが晴れないなら、安全な環境で気軽にカウンセリングを受け、専門家に受け止めてもらうことも、ひとつの選択肢として考えてみてください。

■一人でいることが好きでも、信頼できる人はいた方がいい

人間関係にはどうしても煩《わずら》わしい面がありますので、「一人でいることが好き」という人は、世の中にたくさんいます。私も一人でいることが好きです。しかし一方で、人は一人では生きていけないとも思っています。

一人でいたいけど、それも寂しい――そんな矛盾した気持ちを抱えている人は大勢いると思います。そう思うことは、少しもおかしなことではありませんが、どんなに一人でいることが好きでも、煩わしいからといって、人を遠ざけてしまうことが得策ではありません。「この人といると安心できる」と感じられる人は、見つけておいた方がいいです。そうした〝人的居場所〟みたいなものを大事にすることが心の安定に繋がり、自己肯定感を高めることにも繋がっていきます。

それが家族や恋人、友人ならそれに越したことはありませんが、誰もいなければ、カウンセラーを活用するという方法があることも、頭に入れておいてください。

●凝り固まった気持ちをほぐす心理学のメソッド

■自己肯定感を高めることに役立つ心理学のメソッド

ここから凝り固まった気持ちをほぐすことに有効で、私がセミナーなどでよく取り上げる心理学のメソッドを3つご紹介していきます。自己肯定感を高めるのに、万人に効くような劇的な方法はありません。自分に合う方法で地道に取り組むことが一番の近道です。まずは試すような気持ちで構いませんので、次の3つに取り組んでみてください。

・人生脚本の見つめ直し
・リフレーミング
・メタ認知コントロール

●人生脚本の見つめ直し

■幼少期のうちに人生脚本を作り上げる

1950年代にアメリカの精神科医エリック・バーン博士は、他人と関わるときの思考や行動、感情の傾向を把握することで、自分自身への理解を深め、人間関係の問題を解消しようとする〝交流分析〟を提唱しました。交流分析は、心理学の理論であり、それを応用した心理療法でもありますが、現在ではメンタルヘルスの分野にとどまらず、ビジネスシーンをはじめ幅広い分野で活用されています。

この交流分析の基本的な理論のひとつに〝脚本分析〟というものがあります。人生にはドラマのように脚本があり、人は無意識のうちにその脚本に書かれた役割を演じて生きている傾向があるため、それを分析し、改善しようというものです。

私たちは、他人とのコミュニケーションによって、新しい価値観を得ることがあります。また、他人の感情に触れることによって、自分の中に芽生える感情を知ることもあります。幸せを感じて笑顔になることで、嬉しいという感情を覚えることもあれば、涙を流している自分に気がつくことで、悲しいという感情を覚えることもあります。

このように私たちはコミュニケーションを通して、喜怒哀楽さまざまな感情体験を経験していきますが、私たちの価値観の中には、幼少期の感情体験がいつしか心に植え付けられ、そこで受けた感覚が知らず知らずのうちに心に刷り込まれていき、パターン化されていくと考えられています。そうして無意識のうちに、そのパターン化された感覚をもとにシナリオを作り上げ、「その通りに生きる」「生きなければならない」というプランを導き出します。

このシナリオが〝人生脚本〟と言われるものです。人生脚本は誰もが書くものと考えられており、その多くは親から受けるメッセージによって幼少期のうちに構築され、その後の人生における思考や行動に影響を与えると考えられています。

■人生脚本を書き上げ、思い込みが刷り込まれてしまう

人生脚本は「生まれ育った環境によって育《はぐく》まれる価値観」と捉えることができますが、そのような人生脚本の通りに生きることは、時に「自分をだまし、錯覚しながら生きること」になります。

ひとつ例を出してみましょう。たとえば、理不尽なことが降りかかってきたとき、みなさんの周りにも、次のような考え方をする人はいないでしょうか？

やっぱり私はダメだから、こんなことが起きてしまうんだ……

冷静に考えれば、「ダメな人に理不尽なことが降りかかる」ということに因果関係がないことは理解できると思います。にもかかわらず、そのような錯覚とも言える考え方をしてしまう人がいるのは、その人が「ダメな自分には理不尽なことが降りかかる」という人生脚本を書き上げており、思い込みが刷り込まれているからと考えることができます。

そうした人生脚本を書き上げる過程は人それぞれです。一概に言うことはできませんが、たとえば、次のようなエピソードが繰り返され、パターン化されていくと、「ダメな自分には理不尽なことが降りかかる」という人生脚本を書き上げることが考えられます。

幼い頃、友達から理不尽な意地悪をされ、たいへんなショックを受けました。そこで、傷ついた気持ちを慰めてもらったり、一緒に怒ってもらったりすることを期待して親に話しましたが、親からは「そんなことでクヨクヨしていたらダメ。もっと強くならないと。そもそもあなたがダメだから、そんなことされるのよ!」と言われ、慰めてもらうどころか叱られてしまいました。

こうして思い込みが刷り込まれると、さまざまな場面でその思い込みに沿って考え、行動するようになり、自分ひとりで納得してしまいます。そこに身を置くことが当たり前だと認識し、そのことにある種の安心感を覚えるのです。

なお、こうした人生脚本の根底には「〜してはならない」「〜でなければならない」といった命令を意味する〝禁止令〟が植え付けられていると言われています。この禁止令は、言葉でも植え付けられますが、言葉だけでなく、態度や表情、しぐさといったノンバーバルコミュニケーションによっても植え付けられます。言葉で直接的にダメと禁止されることだけでなく、非言語的にダメと出されるメッセージも、思い込みを発生させる原因になるわけです。

■思い込みは自分では気がつきにくいもの

刷り込まれてしまった思い込みは、自分では気がつきにくいものですが、人は無意識のうちに自分が書いた人生脚本に沿った思考や行動を取るものです。みなさんも普段意識しなくても、自分の内面と向き合ってみると「こうあるべきだ」といった思い込みがあることに、きっと気がつくと思います。

そうした思い込みは、生きていくうえで悩みの原因にもなるものです。一例として、30代前半の働き盛りの人が抱える次のような悩みを見てみましょう。

30歳を過ぎた頃から、仕事では頼りにされることも増え、自分なりに充実した日々を過ごしています。しかし、同期入社した同僚の中には、自分よりももっと出世している者がいたり、同じように忙しいはずの同年代の友人の中には、結婚したり、子供がいたりする者がいます。そうした姿を見ると、「自分はこのままでいいのだろうか……」と焦りを感じ、悩んでしまいます。

こうした悩みを抱えるのは、特別珍しいことではありません。30代になって先の人生について考えることもあるでしょうし、このような悩みに対して、違和感を覚える人は少ないでしょう。

しかし、こうした悩みを抱えてしまうのは、「30歳を過ぎたら、こうならなくてはいけない」といった思い込みがあるからです。

確かに、出世をするのは素晴らしいことです。しかし、それだけが人生ではありません。今は多様性が重視される時代です。結婚することなく、ひとりでいることを選択する人もいます。その生き方が否定されるものではありません。

きっと多くの人が、頭ではそう理解できると思います。それでも悩んでしまうのは、たとえば、次のような思い込みが刷り込まれているからです。

集団の中では、埋もれることなく、抜きん出なければならない。
会社では出世して偉くならなければならない。
早く家庭を持たなければいけない。

■人生脚本は書き換えることができる

このように「こうしなければいけない」と自分の中で思い込んでいることがあれば、それはいつの間にか人生脚本を書き上げていることが考えられますが、人生脚本は一度書いたら拭《ぬぐ》えないものではありません。書き換えることができるものです。

今申し上げた例で言えば、たとえば、次のように人生脚本を書き換えることができれば、悩みもなくなると思います。

プライベートを犠牲にしてまで出世するより、自然体でいられる方がいい。他の人より出世しなければいけないわけではない。

周りが結婚しているからといって、結婚しなければいけないわけではない。年齢に関係なく本当に結婚したいと思える人が現れたら結婚すればいい。

これは一例ですが、人生脚本を書き換えることができれば、それまでよりも少し楽に生きていくことができるようになります。

■まずは思い込みが発生していることに気がつくようにする

自分の中で凝り固まっている人生脚本を書き換えることは、簡単なことではありません。しかし、思い込みが発生していることに気がつけば、書き換えることができます。ですので、まずは悩みの原因となっている思い込みがあることに気がつくことが大切です。

「何も壁にぶつかったことがない」という人は、ほとんどいないでしょう。

こういうことをしていると、また同じことを繰り返す……

こういうことをしているから、人間関係がうまくいかない……

多くの人が、こんなことを感じたことがあるはずです。そこで立ち止まって考えることなく、そのまま流してしまうことがほとんどだと思いますが、その壁はどこに原因があって生まれたものなのか、よく考えてみてください。そうすれば、自分の中に思い込みがあって、それが原因で壁にぶつかっていることに気がつくかもしれません。

特にインポスター症候群に陥っている人のように、ネガティブな心理状態の人は、もう一度自分のことを客観的に見つめ直してみましょう。もしかしたら、たとえば、親から厳しく躾《しつけ》られたことで、自分で自分を縛《しば》っている部分があるのかもしれません。何か思い当たることがあれば、それが本当に守るべきことなのか自分に問いかけてみて、もし必要のない思い込みが生じていることに気づいたら、その部分は書き換えていく意識を持ってみてください。

もちろん、すべてを書き換える必要はありません。たとえば、幼い頃から礼儀について厳しく躾けられて、「人には礼儀正しく接しなければならない」と思い込んでいるとすれば、それはいつの間にか刷り込まれた思い込みかもしれませんが、「厳しい躾があったからこそ、礼儀正しさが身につき、自分の長所になっている」というように、プラスに捉えられることもあると思います。そうしたプラスの部分まで書き換える必要はありません。「何が自分を縛り付けているか?」と考え、本当はその殻《から》から脱したいのに、自分の中に思い込みや抑圧があるために、本来行きたいところへも行けていないと気づいたら、その部分を書き換えるようにしてください。

きちんと人生脚本を書き換えることができ、自分に納得できるようになれば、自然と自信もつき、自己肯定感が高まることにも繋がっていくと思います。

●リフレーミング

■別の枠組みから物事を捉えるリフレーミング

〝リフレーミング〟とは、ある枠組みで捉えられている物事を、その枠組みを外して、違う枠組みで捉えることを言います。もともとは、問題を抱えている本人だけでなく、その家族全体にアプローチする〝家族療法〟の用語ですが、心理カウンセリングではよく用いられる技法です。

たとえば、何か失敗をしたときに、「失敗してしまった……」と落ち込んだことは、誰もが経験していると思います。成功したい気持ちが強ければ強いほど、失敗したときの落胆も大きく、引きずってしまうかもしれません。

しかし、そうした暗い気持ちになってしまうのは、失敗を〝良くないこと・避けなければいけないこと〟という枠組みで捉えているからです。その枠組みを外して、たとえば〝次に成功するためのいい経験〟という枠組みで捉えれば、同じ失敗でも受け止め方が変わってきます。

違う角度で物事を捉えるリフレーミング

【例】失敗をしたときの捉え方

ネガティブな枠組みでの捉え方

- 失敗するなんて最悪だ……
- 何をやっているんだろう……
- 絶対に失敗してはいけなかった……
- どうして失敗してしまったんだろう……

etc.

この枠組みを外して別の枠組みで捉える

- この失敗は次に活かせる！
- もっと大きな失敗でなくて良かった！
- 失敗した後の行動が人間を成長させる！
- 早めの失敗だったからまだ巻き返せる！

etc.

どんなことにも物事には表裏一体という面があります。短所に思えることでも、見方を変えれば長所になります。たとえば、人よりも決断するのが遅く、自分では〝優柔不断〟という短所に感じていたとしても、時と場合によっては、それが〝慎重〟という長所になります。何事に対しても柔軟な発想を持ち、物事を多角的に捉えられるように、日頃から意識しておきましょう。考え方ひとつでネガティブなことも、ポジティブに捉えることができるものです。

■心が晴れないときは意識的にリフレーミングしてみる

リフレーミングをするのに、特別な技術は必要ありませんが、リフレーミングが効果を発揮するようなときは、心がざわついていたり、視野が狭くなっていたりするものです。ですので、そのことに早く気がつくことがポイントです。

気持ちが落ち着かないときや目の前に壁があるようなときは、狭い視野で凝り固まった見方をしていないか、自分に問いかけてみてください。思い当たることがあれば、意識的にリフレーミングしてみましょう。嫌なことやネガティブな感情が駆け巡っているうちに自然と視点が変わり、違う枠組みで捉えられるようになることもありますので、意識することが必須ではありませんが、意識してリフレーミングすれば、それだけ早く気持ちをほぐすことができます。

また、気持ちがネガティブになっているときに、他人とのコミュニケーションによって視点が変わり、リフレーミングに繋がるのはよくあることです。ですので、人と話してみるのもいいと思います。実際、心理カウンセリングでは、カウンセラーがクライエントのお話を伺いながら、リフレーミングに繋がるような対話も行いますので、クライエントが意識しないうちに自然とリフレーミングしているようなことがよくあります。

いずれにしても、落ち込んでいるときに、いくら人が励ましてくれても、自分自身で気持ちの整理がつかなければ、落ち込んだ状態からは抜けられないように、リフレーミングも自分自身で違う枠組みから捉えることができなければ、前向きな気持ちにはなれません。あくまでも主体は自分です。心が晴れないときは、リフレーミングを思い出し、意識的に取り組んでみてください。

■日常生活の中でリフレーミングの効果がある3つの例

私も日々暮らしている中で、心がざわついたり、落ち着かなくなったりすることはあります。そんなときは往々にして、視野が狭くなっていたり、自分を少し信じられなくなっていたりしますので、自分と向き合い、自分を信じるようにしてから、視点を変えるためにリフレーミングすることも心掛けています。

そうしたとき、どういうプロセスでリフレーミングしているかをお伝えすると、リフレーミングのイメージが湧きやすくなると思いますので、私にとってリフレーミングの効果があることを3つご紹介してみます。

【1】自分の中でリフレーミングに繋がりやすい好きなことに取り組む

自分の好きなことに取り組むことで、視点が変わるのはよくあることですが、私にとって最近リフレーミングの効果があるのが、YouTubeで小さな子供や犬の動画を見ることです。

小さな子供や犬は本当にかわいらしく、お気に入りの動画がいくつかありますが、そうした動画を見ていると本当に癒されます。小さな頃は成長のスピードも速く、一か月一か月まったく違うので「随分大きくなったな……」と親戚のおばさんのような感覚で見ていると、自然と笑顔になります。また、何かに一生懸命になっている姿を見ると、「みんな一生懸命生きているんだな……」としみじみ思います。そんなふうに視聴していると、そのうち悩んでいたことがポンと抜けていき、気持ちが柔らかくなって、心の中にホッとするものが出てきます。

私、今笑えたな。
まだ元気なんだな。

こんなことを感じると、気持ちに余裕が生まれ「今、少し入り込みすぎているから、ちょっと視点を変えてみよう」と思えるようになり、意識が変わっていきます。

動画を閲覧すること以外では、好きなアイテムを使うこともリフレーミング効果があります。私はハーブのひとつであるセージが好きなのですが、セージを焚《た》いて、ぼーっと火がついているのを見ていると、何か悪いものが燃えていくような感覚になります。気分によっては、お香を焚くこともありますが、煙がフゥと上がったり、流れたりする様子をひたすら見ていると、それだけで何か浄化されていくような感覚になります。

そうすると、そのうち「少し大丈夫になってきたな」と思えるようになり、気持ちが落ち着くと、自然と視野が広がり、視点が切り替わっていきます。

これはあくまでも私の例ですが、自分の心の中にプラスになるものを投入していくと、凝り固まった気持ちをほぐし、それがリフレーミングに繋がることがあります。みなさんも自分の好きなことで試してみてください。

【2】物理的に視野を広くする

自分と向き合って「視野が狭くなっている」と感じると、私は物理的な面から視野を広くしてみることがあります。

具体的には、姿勢を少し後ろにやることで視野を広くします。テレビでも、パソコンの画面でも、書類でも本でも構いませんが、いつもの見慣れた距離で見るのと、少し離れたところから見るのとでは、見え方が変わります。

ずっと近くを見ていて、ふと遠くを眺めたときに、視界が開け、新鮮に感じられたというようなことは、多くの方が経験したことがあると思います。そのように文字通り〝見え方〟が変わると、それがきっかけで「別の捉え方ができていなかった」と気がつき、心の視野を広くすることに繋がることがあります。

【3】人と話す

他人とのコミュニケーションがリフレーミングに有効なことは、先ほども触れましたが、人との会話がきっかけで、凝り固まった気持ちがほぐれることはよくあります。みなさんも悩んだり、落ち込んだりしていたときに、誰かと話したことで、パッと視界が開けたように感じられ、気持ちが軽くなったり、前向きになれたりした経験があるのではないでしょうか。

私の実感としても、人と話すことはリフレーミングに繋がることが多いです。視野が狭くなっているかもしれないと思ったとき、私は心の中で引っ掛かっていることに対して、有効なアドバイスをくれそうな友人に、連絡を取ることがあります。連絡をしたからといって、必ずしもモヤモヤしていることについて相談するわけではありません。ただの世間話で終わることもあります。それでも、信頼している友人と楽しく会話を交わしているうちに、モヤモヤしていたものが消えていくと、自然と気持ちが改まり、視点が変わっていきます。

また、時には引っ掛かっていることについて具体的に相談し、的確なアドバイスをもらうことで、新しい視点が得られることもあります。

■事実は事実として受け入れたうえでリフレーミングする

このようにリフレーミングで物事の見方を変えることができれば、ネガティブに感じてしまうことを、ポジティブに感じることができます。柔軟な発想でどんどんリフレーミングしてほしいと思いますが、リフレーミングをする際、ひとつ注意していただきたいことがあります。

それは「事実は事実として認めて、きちんと受け入れたうえでリフレーミングする」ということです。嫌なことから目を背けることが、違う枠組みから物事を捉えることにはなりません。

たとえば、仕事で明らかなミスをしたにもかかわらず、「あんなことはミスしたうちに入らない」と考えるのは、事実を歪曲《わいきょく》しているだけです。そうした無理な捉え方をしても、すっきりしないしこりのようなものが残ると思います。事実を事実として受け入れたうえで、前向きな捉え方ができないと、自信も持てず、人としての成長にも繋がりませんので、ご注意ください。

リフレーミングによって、物事の枠組みを変えることは、人生における選択の幅を広げることにもなります。物事をポジティブに捉えることは、自信がつくことにも繋がりますし、自己肯定感を高めることにも繋がります。何かにつまずいたりしたときは、リフレーミングすることを意識してみてください。

自信のなさをリフレーミングしてみよう

自信がなかったら、それをどんなふうにリフレーミングできるかいくつか例を示してみます。これを参考に自分なりのリフレーミングをしてみてください。

ネガティブな枠組みを変えてみましょう

【例】自信を持てないことの捉え方

- 何事に対してもそれだけ真面目な証拠
- 物事を慎重に進めるからミスが少ない
- お陰で不安な人の気持ちに寄り添える
- 根拠のない自信があるよりも余程いい
- 向上心が高いから自信を持てないだけ
- 自信がない中でとてもがんばっている
- 自信がつけばもっとすごい自分になる
- 昔は今よりも全然自信を持てなかった
- いつか自信のある自分が今を振り返る

etc.

メタ認知コントロール

■自分の認知の仕方を認知する〝メタ認知〟

みなさんは〝メタ〟という言葉をご存じでしょうか？　最近、耳にする機会が増えてきたように思いますが、メタはもともとはギリシャ語に由来する接頭語で、〝高次の〟とか〝越えた〟といった意味があります。〝メタフィクション〟〝メタバース〟〝メタアナリシス〟のように〝メタ○○〟という形で使われますが、心理学の概念にも〝メタ認知〟というものがあります。

このメタ認知は、簡単に言うと〝自分の認知の仕方を認知する〟ことです。私たちは、知覚、情動、記憶、思考などさまざまな認知活動を行いながら暮らしていますが、そうした認知活動を客観的に捉えることをメタ認知と言います。「なんだかピンと来ない」という方もいるかもしれませんが、メタ認知は日常的に行われているものです。

たとえば、仕事をしていると、何か問題が発生することがあると思います。

そのとき「この問題について、自分はよく理解できている」とか「この問題についてては、本質をつかめていないので、もっと勉強が必要だ」といったことを考えることがないでしょうか？

これはまさにメタ認知です。まず一連の仕事の流れや直面している問題などを認知したうえで、その認知に対して「きちんと対応できること」とか「誰かの助けを借りないといけないこと」といった認知をしています。つまり〝認知の仕方を認知している〟わけです。

こうしたメタ認知の考え方は古くからありましたが、1970年代にアメリカの心理学者ジョン・H・フラベル博士が、メタ認知という言葉で定義したことで研究が広がっていきました。現在ではビジネスの分野でも注目されており、人材育成のために活用されることも少なくありません。

■もうひとりの自分と対話する〝メタ認知コントロール〟

自分が主観的に認知していることを、どのように認知しているか客観的に捉えて評価することは、このように意識しなくても自然に行われていることですが、認知するだけでなく、自分の主観的な認知を客観的な視点から調整したり、制御したりすることを〝メタ認知コントロール〟と言います。

みなさんは、こんな経験をしたことはないでしょうか？

自分のしていることを冷静な自分が客観的に見ている

主観的な自分とは別に、もうひとり客観的な自分がいて、主観的な自分のことを見ている姿が、頭の中で見えているようなシチュエーションです。

思い当たる人は少なからずいると思いますが、そこからさらに進んで、もうひとりの冷静な自分が、自分のことを客観的に観察するだけでなく、話しかけてきて、主観的な自分の言動をコントロールするのが、メタ認知コントロールです。フィクションの世界では、自分の中の天使と悪魔が、想像の中で対話するような演出がされることがありますが、まさにそんなイメージです。

メタ認知コントロールができると、自分自身を冷静に客観視することができるようになるため、思い込みや感情に左右されて行動することを避けやすくなります。冷静な落ち着いた状態の自分にコントロールしやすくなることが、自分を信じることに繋がり、自己肯定感を高めることにも繋がっていきます。

■メタ認知コントロールはトレーニングすれば誰でもできるようになる

別人格の自分と対話をすると言われても「何それ？」と思われた方もいると思います。また、「自分にはできなさそう」とか「そういうことには無縁」と思われた方もいるでしょう。

しかし、メタ認知コントロールは、トレーニングすれば誰でもできるようになるものです。〝地図が読めるか読めないか〟というように〝空間認知能力〟が結構必要なので、男性の方が得意な人は多いと思いますが、やり方は簡単です。次の2つのステップを踏むだけですので、ぜひ試してみてください。

【1】別人格の自分をイメージする

まずは別人格の自分をイメージしてみてください。たとえば、気持ちが沈んで〝余裕のない自分〟がいるとしたら、その自分ではなく〝どっしり構えた頼りになる自分〟といった別人格の自分です。思い浮かべる場所はどこでも構いません。私の場合はいつも右上に別人格の自分がいますが、左上でも後ろでも正面でも、別人格の自分がイメージできればＯＫです。

【2】別人格の自分を見つめる

イメージできたら、その別人格の自分を見つめてみてください。今の自分とは切り離した別人格の自分の感覚が持てていれば、自然と対話できるようになると思います。なお、これは物事を俯瞰《ふかん》して見ることとは違います。自分を客観視して「全然違う視点で見たらこうだよな」みたいに思うのは、俯瞰して物事を見ているだけです。メタ認知コントロールは、すぐそばに別の自分がいて、的確なこと言ってくれるという感覚です。

■自分を支えるもう一人の自分は最強の味方

私はメタ認知コントロールが大好きでよく行います。そこで、具体例として私のケースをご紹介しますので、イメージを膨らませてみてください。

●別人格の自分は巨人の自分

まず別人格の自分ですが、私の場合は〝大きな姿の巨人の自分〟です。箱庭の中にいる私を見守ってくれているようなイメージです。そうして、たとえば、どうするべきか迷ったとき、こんなふうに語りかけてきて道を示してくれます。

そっちじゃないよ、なんで真っ直ぐいっちゃうの。

左に曲がりなさいよ。

●心を落ち着かせるために、メタ認知コントロールを意識的に行う

嫌なことが積み重なってくると、私も視野が狭くなっていき、胸がざわざわ

してくることがあります。そんなときは、まずは深呼吸をしたり、好きな飲み物を飲んだり、好きな動画を見たりして、気持ちを落ち着かせるようにしますが、そうして少し気持ちが落ち着き、凝り固まっていた視点が変わってきたようなタイミングで、意識的にメタ認知コントロールを行うことがあります。

どうして、そんなに悩んでいるの？
そんなこと、いつもと同じじゃないの？

たとえば、別人格の自分がこんなふうに語りかけてくると、自分でも「そうだよね」と思えたりして、気持ちがさらに落ち着いていきます。

何かあったときに意識しなくても別人格の自分が現れる

また、気持ちが落ち着かなくなってきたときに、私の場合、何も意識しなくても、別人格の自分がポンと現れることがあります。

また、そんなことで悩んでいるの？
もう、それよくない？

たとえば、こんなふうに語りかけてくるので「でも、これって今日のうちに解決しておかないと……」と返すと、別人格の私が「じゃあ、メールだけ送っちゃいなよ。それで、あとは寝ちゃうといいよ」といった感じで返してきます。こんなやりとりを繰り返しているうちに、気持ちがスッキリとしていきます。

人と話したことで「重かった気持ちが軽くなった」という経験をしたことがある人は多いと思いますが、メタ認知コントロールでは、その感覚を得ることができます。しかも、他人だと意に沿わないことを言われる可能性もありますが、自分のことをよくわかっている自分との対話です。期待を裏切られる発言をされることもないでしょう。ある意味〝最強の味方〟が自分を支えてくれるのが、メタ認知コントロールと言えます。

また悩み始めちゃったの？
だって悩むことってあるじゃん
でも、どうしてそんなに悩むの？
疲れ気味っていうのもあるよね
じゃあ、寝るといいんじゃない
わかった。お風呂に入って寝るね

メタ認知コントロール

～ ある日のひとコマ ～

イラスト：ピクスタ

■何かあったときには〝大丈夫な自分〟という保険がある

メタ認知コントロールは、自分を客観視することに役立つ方法のひとつですが、長い間メタ認知コントロールを行ってきた実感として思うのは、別人格の自分の存在が〝保険になる〟ということです。〝大丈夫な自分〟と〝ダメな自分〟がいる中で「何かあったときには助けてくれる〝大丈夫な自分〟がいる」という感覚を持っていられることが、保険のような安心感をもたらします。

もちろん、実際に何かあれば、自分で解決しなくてはいけないことに、変わりありませんが、それでも「何か困ったことがあっても、絶対的に信頼できる人が身近にいて、いつでも的確なことを言ってくれる」という感覚を持っていられることは心強いものです。

いくら自分を冷静に見る力に長《た》けている人でも、メタ認知コントロールは知らないとできません。「別人格の自分と会話をするなんて……」と眉《まゆ》を顰《ひそ》めた方もいるかもしれませんが、やってみれば案外簡単にできるものです。ぜひ一度試してみてください。

何気ない言葉にも注意すべきことが潜んでいる

■口癖に自己肯定感を低くすることが潜んでいることもある

みなさんの周りには、やたらとお詫びのニュアンスの言葉を口にする人はいないでしょうか？

申し訳ありません。

恐れ入ります。

中には、自分自身がこうした言葉を口にしがちと思った方もいると思います。

日本人は「すみません」という本来はお詫びの意味で使う言葉を、「ありがとうございます」という感謝の意味合いでも使いますので、お詫びのニュアンスの言葉を頻発《ひんぱつ》させたところで、違和感を覚えられることもなく、むしろ謙虚な人と受け取られるかもしれません。しかし、私も申し訳ないという気持ちから、お詫びの言葉を口にしがちなので、つい口にしてしまう気持ちはわかりますが、あまりにもお詫びの言葉を連発していると、無意識のうちに自己肯定感が下がっていきます。そのことに気づいて以来、「言葉にすればいいというわけではない」と思うようになりました。

私がそう思うようになったのは、ビジネスの場面でのことですが、あるとき人から「謝るような言葉をよく使う」と指摘されたことがきっかけでした。

以前、私のスケジュールがなかなか確定しないことで、打ち合わせの日程を決めるのに、とても手間がかかってしまったことがありました。その一連のやりとりの中で、無意識のうちにお詫びの言葉をよく使っていたようで、ようやく相手の人と会えたときに「申し訳ないなどと思わなくていいのに、謝るような言葉をよく使う」と言われたのです。

言われてみてハッとしました。「申し訳ありません」「恐れ入ります」といった言葉は、当時、何気なく日常的に使っていましたが、指摘を受けて自分の言動を客観的に振り返ってみると、私は胸がざわざわしているときに、お詫びの言葉をよく使うことに思い当たりました。また、そうしたときは、無理をしがちなことにも気がつきました。そうした精神的に安定していない状態のときに、お詫びの言葉を頻繁に使っていると、なおさら自分に自信がなくなっていくことを感じました。

お詫びの言葉には便利な面もあります。詫びるほどのことでなくても、とりあえず謝っておけば、摩擦《まさつ》を避けやすいですし、下手《したて》に出ることが、相手との関係性を守るバリアのような役割を果たすこともあります。

しかし、必要以上にお詫びの言葉を述べなくても、良好な関係を築けることが、本来は望ましいことです。〝いつも謝ってばかり〟といったことを続けていると、息苦しくなってしまい、自分で自分の首を絞《し》めることになりかねません。お互いがお互いを尊重し合える関係を築くことが、自己肯定感を高めることにも繋がりますので、思い当たる方は注意してみてください。

■謙遜することと卑下することは違うことを忘れない

言葉や口癖に関しては、もうひとつ気をつけたいことがあります。それは、第1部でも触れましたが、〝卑下《ひげ》〟をしないということです。

私なんて、たいしたことありません。

自分なんて全然ダメです。

こんなふうに、自分を貶《おとし》める発言をする人は、少なからずいます。もちろん、向上心や目標が高いために言っているのなら、単にストイックなだけで、卑下しているわけではないでしょう。しかし、〝自分で自分を落とすことで、人から嫌なことを言われないようにする〟といった自分を守る道具のような感覚で卑下していると、自己肯定感を低くしてしまいかねません。

確かに、謙虚であることは大切です。「私はすごい!」と天狗になる必要はありませんが、だからといって、必要以上に自分を否定的に捉えることはありません。自分の言動をきちんと承認しつつ、世の中には自分以外にもすごい才能を持った人がいることは事実なので、そこに対しては、謙虚な姿勢を示していくのが望ましい態度です。

そもそも日本人は、褒められたときに「ありがとうございます」と言わずに、「そんなことありません」と相手の言葉を否定するような言葉を返す人が少なくありませんが、客観的に見ても褒められるに値することなら、素直に受け止めた方がいいです。認めてもらったことに対しては、感謝の気持ちを持って受容しながら、そこから次のステージに進むためにはどうしたらいいかと冷静に考え、謙虚になるべきところは謙虚になればいいだけです。

自分を卑下してしまうのは、自尊心が足りていないからです。自分を大切にし、自信をつけて、自尊心を高めてほしいと思いますが、自分を卑下するようなことを言わなければ、それが自尊心を高めることにも繋がります。特にインポスター症候群に陥っているような人は、自分を否定するような言葉を口にしがちですので、注意してみてください。

■事実を事実として認める分には横柄ではない

謙虚な人にしてみれば、「すみません」とお詫びの言葉を述べたり、「そんなことないです」と自分を否定するようなことを言わないと、横柄に思われてしまわないか心配になったり、居心地の悪い思いをしたりするかもしれません。

しかし、そうした心配は無用です。事実を事実として認める分には、横柄に思われることはありません。確かに、相手が褒めてくれたことに対して、「そうなんです！ 私ってすごい人間なんです」と言えば、相手は鼻白《はなじろ》むかもしれませんが、認めてくれたことに対して「ありがとうございます」と素直に感謝の気持ちを伝える分には何の問題もありません。

すぐに「すみません」と言ってしまうことが悪いとは思いません。しかし、相手も自分の言葉を素直に受け取ってくれた方が、嬉しく思うはずです。もし「ありがとうございます」と受け止めるだけでは、気持ちが落ち着かないようであれば、それにプラスして「期待に応えられるように努力します」といったことを付け足せば、謙虚な姿勢は十分に示すことができます。

Column

ネガティブな感情に気づいたら不一致を見つけて

◆本来の自分とネガティブに支配されている自分の不一致を見つける

先ほども申し上げたように、ネガティブ思考であることが、必ずしも悪いわけではありません。ネガティブ思考にもメリットはあります。無理して「ポジティブ思考になろう」などと思う必要はありません。

しかし、ネガティブな感情が湧き上がることで気持ちが落ち込み、さらにネガティブへと落ち込んでいく〝ネガティブスパイラル〟に嵌《はま》ってしまうのは良くありません。そうなると、物事を否定的に見がちになり、通常ならそこまでネガティブに捉えないこともネガティブに捉えてしまいます。

また、自分のことを「ダメな人間だ……」などと思い、自分の能力やパフォーマンスを否定し、自分自身にマイナス評価をくだしてしまう人がいますが、それも良いこととは思えません。「どうせうまくいくわけがない……」「自分なんてこんな人間だから、どうしようもない……」などと考えてしまうのは、結局はダメなことを正当化して、自分にも他人にも言い訳をしているようなものです。

私はこうした状態のことを〝ネガティブキャンペーン〟〝マイナスブランディング〟と呼んでいます。インポスター症候群で悩んでいる人は特に当てはまりがちな状態ですが、ネガティブキャンペーンやマイナスブランディングが始まってしまったら、そのことに気がつき、ストップすることが大切です。ネガティブな感情に支配されていないときの自分ならどう感じるか、自分に問いかけ、〝本来の自分との不一致〟を見つけるようにしてください。冷静に顧《かえり》みれば、必要以上に自分を貶めている部分があることに気がつくはずです。その部分は訂正していきましょう。

自分のことを常に肯定できる人は、なかなかいないと思いますが、必要以上にネガティブになっても、自己肯定感が低くなってしまうだけです。思い当たる方は、注意してください。

Column

◆人に相談することは必要以上のネガティブを払拭するのに有効

もっとも、自分では不一致を見つけられない場合もあると思います。そんなときは、心から信頼できる人に相談してみるといいでしょう。人に相談することは、必要以上のネガティブを払拭《ふっしょく》するのに有効です。

また、自分の家族や友人、職場の同僚や部下といった周りの人から相談を受けて、ネガティブキャンペーンやマイナスブランディングをしていることに気がつくこともあると思います。そんなときは相手の否定的な言葉にフォーカスし、実際にそうなのか、不一致を見つけてあげてください。

なお、相談に乗ってあげる場合、ひとつ注意したいことがあります。それは〝共感はしても同感はしない〟ということです。同調や同感は、ネガティブキャンペーンを助長させ、相手に強い依存感情を芽生えさせることがあります。大切なのは共感です。「あなたはそう思っているんですね」と受け止めつつも、相手の中にある問題を解決できるか一緒に考えていくのが望ましい態度です。覚えておいてください。

【まとめ】ここまでの内容を簡単にまとめてみましょう

自己肯定感を高めるためにも、居場所があることは、とても大切なことです。また、人生脚本の見つめ直し、リフレーミング、メタ認知コントロールといった心理学のメソッドは、凝り固まった気持ちをほぐすのに有効です。自分に合うものを取り入れてみてください。なお、何気なく使っている言葉や口癖が、自己肯定感を低くしていることもあります。注意してください。

日頃から心掛けておきたいこと

心の不調を遠ざけるために

毎日の生活が充実していれば、自然とメンタルも良好な状態になります。しなやかな心を身につけていれば、少しくらいの嫌なことなら、上手に受け止めたり、跳ね返したりすることができるでしょう。そのためには、日頃の心掛けも大切です。ちょっとしたことを意識するだけでも、それが心の不調を遠ざけることに繋がります。

自己解放して素の自分に戻る時間を持つ

■ざわめく気持ちを鎮めるためには自己解放が必要

社会生活を送っていく中で、常に自分の思うままに振舞っていたら、周囲と軋轢《あつれき》を生んでしまうでしょう。すべてが自分の思い通りになることは難しく、時には自分の意思や感情を抑えることが必要になるのは、仕方のないことです。しかし、常に自分を抑え込んでいるばかりだと、心は疲れてしまいます。心の健康のためには、抑え込んでいる自分を解放する時間を持つことも必要です。

抑圧された状態から自分を解放するのに有効なのは、好きなことをすることです。もっとも、好きなことさえすれば、それでいいというわけではありません。大切なのは〝素の自分〟に戻ることができ、心の元気を回復することです。そこで、きちんと自己解放するためのポイントをお伝えしたいと思います。

● 五感を刺激することで、自分がいいと思うものが自己解放に繋がる

自己解放について、私がカウンセリングやセミナーなどでよくお伝えしているのは〝五感を刺激することがいい〟ということです。視覚、聴覚、嗅覚《きゅうかく》、味覚、触覚《しょっかく》それぞれ自分にとってリラックスできたり、癒しになったりすることがあると思います。音楽療法や絵画療法といった確立された心理療法があるように、五感を適切に刺激することは効果的ですので、自分が心地良いと思うものを取り入れてみてください。

もっとも、こうお伝えすると「具体的に何がいいのか？」とよく訊かれます。みなさんの中にも「どうすればいいのだろう？」と思われた方がいるかもしれません。しかし、人によって好みは異なるため、「これがいい」と一概には言えません。音楽を例にしても、人によって好き嫌いがあります。ジャズが好きな人もいれば、クラシックが好きな人もいます。ロックをうるさく感じる人もいれば、逆に癒しになる人もいます。そこは人それぞれなので、他者評価を気にせず、自分が好きだと直感的に感じるものに寄り添っていくことが一番です。

参考までに私の場合、最近の好みは先ほども申し上げたＹｏｕＴｕｂｅで動画を視聴することです。そのときの気分によって見たい動画も異なりますが、かわいい子供や動物などの動画を見ることはもちろん、不動産やインテリアの動画も好きですし、パチパチと音を立てている暖炉や、吹雪・豪雨などの動画を見ているだけでも、視覚と聴覚が刺激されて、癒しになります。

また、これも先ほど述べましたが、お香や香木、ハーブなどを焚くことも好きです。嗅覚にいい刺激となることはもちろん、火をつけるときの揺らぎや立ち上る煙などが、視覚にもいい刺激となります。

好きなものを食べたり、飲んだりすれば味覚が刺激されますが、私の場合、飲み物ならコーヒーが好きです。「1日に1杯は美味しいコーヒーを飲みたい」というレベルなので〝コーヒー中毒〟というほどではありませんが、コーヒーを飲むと気持ちがホッとします。食べ物なら月並みですが、美味しいお肉やお寿司が好きです。特に若い頃は、そうした好物を食べるだけでも気持ちが解放され、かなり元気を回復できました。

● そのときの気分で感じ方が異なるので、たくさん見つけておく

みなさんも自分にとって五感にいい刺激となるものが、きっと思い浮かぶと思いますが、大切なことはそうしたものを〝できるだけたくさん用意しておくこと〟です。どんなに好きなことでも、そのときの気分で感じ方は異なるものです。まったく楽しめないこともありますので、できるだけ選択肢を多くしておくことが望ましいです。

食べ物を例にすれば、「焼肉が好き」という人はたくさんいると思います。しかし、いつもいつも焼肉を食べたいかと訊かれたら違う人の方が多いでしょう。もっとさっぱりしたものを食べたいときだってあるはずです。しかし、焼肉以外の別のジャンルでお気に入りの食べ物やお店がなければ、焼肉の気分でないときに、好きな食べ物で自己解放することができなくなってしまいます。

私も先ほど「コーヒーが好き」と言いましたが、コーヒーではなく、ハーブティーのような優しい飲み物が飲みたいときもあります。そんなときはハーブティーを楽しみます。家でテレビを見ることも大好きですが、映画館に行って

大画面で楽しみたいときもあります。これは一例ですが、私はそのときの気分に合わせられるように、できるだけ選択肢を多くすることを心掛けています。ひとつのことを集中して極めるのも素晴らしいですが、自己解放のためには、気分転換できることはいくつも用意しておくと、心強い味方になってくれます。

● どういうシチュエーションかも大切なこと

また、好きなことをするときの〝シチュエーション〟も意識しておきたいことです。たとえば、私の場合、美味しいお肉やお寿司を食べることは好きですが、最近は料理の内容以上に〝誰と行くか〟とか〝どこに行くか〟といったことの方が重要になってきました。評判のいいお店に行けば、美味しい料理を味わうことはできるかもしれません。しかし、物凄く気難しい相手と一緒だったら、せっかくの味も半減してしまいます。

このように〝どういうシチュエーションだとより元気になれるか〟ということまで意識しておくと、より効果的に自己解放することができます。

● 自分にあげるご褒美はワガママになってもいい

もうひとつ私がよくお伝えしていることが「自分にあげるご褒美はワガママになってもいい」ということです。自分の好きなことは、思い切り楽しむのが一番ですが、中には遠慮してしまうタイプの人もいます。そういう人には、特に意識していただきたいことです。

大切なのは、自己解放して素の自分を取り戻すことですが、楽しいことや好きなことをするときまで遠慮してしまうと、気持ちをリセットできなかったり、自分を客観視するためのフラットな状態になれなかったりします。それでは素の自分を取り戻せません。もし、自分の中で思い切り楽しむことに引け目を感じるような気持ちがあったら、それは取り除くようにしましょう。人に迷惑をかけることでなければ、遠慮する必要はありません。

私の場合、ベースとなるご褒美は〝睡眠をいっぱいとること〟です。好きなだけたっぷり寝るというと、人によってはダラダラしているように思うかもしれませんが、私は自分へのご褒美に躊躇《ちゅうちょ》する必要はないと思っています。

● いくら好きなことでも後悔するようなことは自己解放にならない

もっとも、「好きなことに対してはワガママになってもいい」とはいっても、後悔するようなことをしていたら、自己解放にはなりません。好きなことで自己解放するのは〝本当の自分に帰るため〟という前提があります。そこは注意していただきたいと思います。

たとえば、ショッピングが好きで、買い物をするとストレス発散になるという人は少なくないでしょう。それ自体はいいと思います。しかし、いわゆる〝爆買い〟をして、家に帰って冷静になったときに「無駄遣いをしてしまった……」「そんなに欲しかったわけでもないのに買ってしまった……」「あまりにも買い過ぎた……」などと後悔するようなら本末転倒です。

ゲームが好きな人も多いと思います。スマホで手軽に楽しむ人から、専用機でガッツリ楽しむ人まで、今ではすっかり身近な娯楽のひとつとして根付いています。休みの日に一日ゲームをして過ごすのが、何よりのストレス発散になるなら、それもいいでしょう。しかし、ゲームに熱中するあまり、生活のリズムが狂ってしまったり、いわゆる課金が止まらなくなってしまったりするようだと、ストレスを解消するはずが、かえって溜め込んでいるようなものです。

アルコールやギャンブルなども、生活に支障をきたさない範囲で楽しむ分にはいいのですが、好きが高じて、のめり込んでしまうと問題が生じてきます。やめたくても、やめられない〝依存症〟にまで進んでしまうと、往々にして本人や家族の力だけで回復することは難しくなり、医療機関などを利用しなければ、断ち切れなくなります。

好きなことを適切な範囲で楽しめないのは〝自律〟ができていないとも言えます。「自分へのご褒美はワガママになってもいい」とはいっても、匙《さじ》加減が必要なのは言うまでもありません。あくまでも〝自分をきちんと律することができたうえでのたまに許すワガママ〟ということは忘れないでください。好きなことで後悔するようなことを繰り返している人は、それによって「本当の自分に帰れるのか？」ということを自分に問いかけてみてください。

●身体的な負担もメンタルに影響を及ぼす

■体をほぐすことが心をほぐすことにも繋がる

〝心身ともに〟という言葉がありますが、心と体は連動していて、互いに影響を及ぼすものです。体の不調が心の健康にも悪い影響を及ぼすことは、第1部でも触れましたが、病気やケガというほどではない些細なことでも、身体的に不快な状態が続けば、それが元で精神的に不安定になることもあります。

逆に身体的な不快を緩めてあげることで、煮詰まった気持ちがスッキリすることもあります。コチコチになっている体をほぐすことで、心もほぐれたりするものです。メンタルの調子が良くないときは、身体的な面からリラックスすることも意識してみてください。ここでは体にかかる負担で、気をつけたいことを3つ取り上げてみます。

● 衣類など身につけるもの

洋服をはじめ身につける衣類は、身体的な不快に直結しやすいです。長時間、体に無理を強いるものを身につけることは、できれば避けたいものです。

オシャレのためには、たとえ窮屈な服でも我慢して着るのが当たり前と考える人もいると思います。それを否定するつもりはありません。お気に入りのもので着飾ることが、自信に繋がる面もあります。しっかりとした服を着こなしていれば、気持ちが引き締まりますし、いい意味で自信のある自分を見せることができるでしょう。

しかし、どんなに気分が良くても、窮屈な服を着ていたら、体にとって窮屈であることに変わりはありません。ずっと着ていたら疲れてしまいます。楽な服に着替えるだけでも、自分を解放することができますので、ファッションでオシャレを楽しむときは、メリハリをつけられるといいと思います。

身につけるものの中で、私が個人的に影響が大きいと感じるのは〝靴〟です。長時間、きつい靴やヒールの高い靴を履いていると、足が疲れてしまうばかりでなく、気持ちが鬱々《うつうつ》としてくることがあります。特に、講演会やテレビの仕事など、姿勢にも細心の注意を払うようなときは、本番中こそ集中しているため、足の痛さなども感じませんが、終わった後はふっと力が抜け、足の窮屈さにどんよりとしてしまい、「早く解放したい」と思うこともしばしばです。

身につけるものによる不快は、特に女性だと実感される方も多いと思いますが、気持ちが沈むときは少し楽な格好をして、身体面からも自分を労《いた》わることを意識してみてください。

●気温

寒さ、暑さといった気温の影響も侮《あなど》れません。季節の変わり目にメンタルの不調を覚える人は少なくありませんが、寒暖差が激しいと自律神経が乱れて不調が出やすくなります。また、寒いと全体的に縮こまりますが、そうなると血液循環も悪くなりますので、気持ちが鬱々としていきます。気温自体は、自分でコントロールすることはできませんが、衣服の着脱や空調設備の使用などで、影響を少なくすることはできます。気持ちが滅入《めい》るときは、〝暑すぎる〟〝寒すぎる〟など不快な環境に身を置いていないかも意識してみてください。思い当たることがあれば、できるだけ改善することを心掛けましょう。

空腹

空腹だと低血糖状態になり、脳のエネルギーも不足することで、不安な気持ちが助長されることがあります。お腹が空いて、イライラしたり、集中できなかったり、気分が落ち込んだりした経験のある方は、少なくないでしょう。

気分が塞《ふさ》ぐようなときは、きちんと食事を摂《と》ったか思い返してみてください。集中していると、つい食事を抜いてしまうことがあるかもしれませんが、長時間、何も食べていなければ、無理をせずに、好きなものを少しだけでもいいので口にするようにしましょう。食事のペースが整うと、心と体が安定していきます。そして、副交感神経が優位になっていくことで、リラックスもできますし、血液の流れが良くなり、気持ちも徐々にリセットされていきます。

重要な判断をするときは自分の心身の状態を意識しよう

■心身ともに健全な状態で、感情的にならずに判断することが大切

日々の生活の中で、私たちはたくさんのことを判断しながら暮らしています。その多くは、そこまで重要な判断ではないかもしれませんが、時には大きな責任が伴い、心身への負荷がかかるほどの重要な判断をくださなければならないこともあります。そのとき、納得のいく判断をできればいいのですが、しっかりと冷静な判断をくだすことができずに不本意な結果を招くと後悔します。それでも少し後悔するくらいで済めばまだいいです。しかし、取り返しのつかない事態を招けば、自信を喪失したり、メンタルの不調の原因になったりします。

そこで、判断をくだすときに頭に入れておいていただきたいことを、お伝えしておきます。

● できるだけ心身ともに健全な状態にする

まずお伝えしたいのは、適切な判断をくだすには、〝心身ともに健全な状態であることが大切〟ということです。当たり前に思われるかもしれませんが、これは本当に大事なことなのです。たとえば、寒くて脳への血流も悪い中、長時間ヒールの高い靴を履き、足が痛くてイライラしている状態で判断したら、万全な状態のときと同じように判断することは難しいでしょう。やぶれかぶれな気持ちとなり、本題と関係ないところでマイナスの結論を出しても不思議ではありません。それでは自分の損になるだけです。そんなときは、暖かい部屋で一息入れたり、お風呂に入って心身を解放させたりするなど、リラックスして気持ちを落ち着けてから結論を出すようにしましょう。

特に嫌なことがあったわけでもないのに、ネガティブに考えてしまうのが、実は「洋服がきつくてしんどかった」「足が痛かった」「寒さで縮こまり、血液の流れが悪かった」といったことが影響している場合もあります。最悪な結果を生んでしまうことのないように、重要な判断をくだすときは、自分が余裕のない状態に陥っていないか、問いかけてみましょう。もし余裕がないことに気づいたら、いったん素の自分を取り戻してから判断することが大切です。

〝夜の感情〟で突き進まない方がベター

もうひとつお伝えしておきたいことが、「できるだけ夜には判断しない方がいい」ということです。夜は太陽の光も浴びませんので、気持ちが鎮静されていきますが、鬱《うつ》状態になっていく傾向もあります。また、一日の疲労が溜まっているために、思考力が低下したり、判断力が鈍くなったりしていることもあります。論理的思考が鈍ると感情の方が優位になるため、感情的に判断しがちになりますし、マイナスの方に考えがちになります。

このように〝夜の感情〟で判断をすると得てして後悔することになりますので、しっかり休養してから翌日判断するようにしましょう。どうしても夜に判断しなければならないときは、自分が感情的になっていないか、客観的な目で見ることを心掛けてください。

Column

専門家に相談するときのポイント

◆つらいときは専門家に相談することも視野に入れて

先ほど、心理カウンセリングを活用することについて触れましたが、つらいときは専門家に相談することも視野に入れていただきたいと思います。早く元気になるためにも、早めに相談するに越したことはありませんが、元気がなくなってからでも遅くはありません。

もっとも、心理カウンセリングとは無縁の生活を送ってきた方にしてみれば、いざ専門家に相談しようと思っても、ハードルが高いかもしれません。元気な状態のときに、信頼できるカウンセラーを見つけることができればベストですが、まったく当てがなければ、どうすればいいかわからなくても当然です。そこで、カウンセラーを探すときのポイントについて、お伝えしておきます。

◆まず始めるべきことは情報収集

まずはきちんと活動しているカウンセラーか、確認するといいと思います。たとえば、今はＷＥＢサイトやＳＮＳなどを通して、施設や自分自身の紹介を行っていることがほとんどです。そうしたところから情報を集めてみましょう。

また、資格の有無を確認するのもいいと思います。私は厚生労働省に認められた公認心理師という資格を持っていますが、資格を持たずにカウンセリングを行っている人もたくさんいます。もちろん、資格の有無だけで判断することはできませんが、どんな資格を持ち、経験を積んできたかは、信頼できるカウンセラーを見極めるひとつの指標にはなると思います。

カウンセラーとの相性も大事です。私のカウンセリングオフィスでは、カウンセラーがＷＥＢサイトにコラムを書いています。必要としている方に寄り添わせていただくための情報発信ですが、カウンセラーの色やキャラクターを理解してもらうことも意識した取り組みです。たとえば、こう

Column

したこともチェックして、自分に合いそうか判断するといいと思います。

なお、インターネットで情報収集をしていると、いろいろな噂も目にするようになります。世に名前が出ている人であればあるほど、悪い噂も流れがちです。中には、ただの誹謗中傷や、おもしろおかしく捏造《ねつぞう》されただけの情報もあります。すべてを鵜呑《うの》みにせず、自分の感覚を信じ、トータルに見て、自分に合いそうか判断することを心掛けてください。

◆ **一回通ったからといって、通い続けなければいけないわけではない**

自分に合いそうなところを見つけたら、次のステップはコンタクトを取ることです。いくら情報を集めても、実際にカウンセリングを受けてみなければ、本当のところはわかりません。難しく考えずに、ひとまず受けてみて、様子を見てから、その後を考えるといいと思います。

よく知らないところに行って、一対一で話すのは怖いかもしれませんが、最近はオンラインに対応するところも増えています。オンラインなら、少しはハードルも下がると思います。

また、一回通ったからといって、そこに通い続けないといけないわけではありません。「何度も通うように言われないか心配」という方もいると思いますが、本来、カウンセリングはクライエントの主体性を大切にしながら行うものなので、通所を促すような営業的な行為は、あまりしてはいけないものです。もちろん、話を聞いたうえで「2週間後くらいにまた来た方がいいと思う」といった提案をすることは私もあります。しかし、強制はしません。クライエントの主体性を尊重しないで、強く勧めてくるようなことがあれば、あまり信用できない証拠かもしれません。そんなときはきっちり断って、別のところを探した方がいいと思います。

新しいカウンセリングオフィスを利用すると、そのたびに最初は同じようなことを訊かれて、同じようなことを話さなければならなくなります。うんざりするかもしれませんし、疲れてしまうかもしれません。いいカウンセラーに出会えなければ、腹立たしく感じるでしょうし、時間的にも費

Column

用的にも大変だと思います。しかし、いいカウンセラーに出会えれば、心の健康には計り知れないプラスになります。

何より知っておいていただきたいのは、カウンセラーは「一回関わったクライエントとは、一生お付き合いする」くらいのつもりでいることです。

カウンセラーは、クライエントの人生の大事な部分や秘密などを開示していただく立場です。「一回関わったら一生関わり続けていく」くらいの意思や覚悟がカウンセラーになければ、クライエントも安心して開示することができません。ですので、相談をするときは「そのカウンセラーが一生お付き合いできる人か」といったことも、カウンセラーを見極めるポイントとして、頭に入れておいていただくといいと思います。

◆ 自分がいいと思うものを強く勧めるカウンセラーには要注意

カウンセラーを見極めるのに、もうひとつ注意したいポイントがあります。それは自分がいいと思うものを強く勧めてくる場合は、注意した方がいいということです。趣味嗜好《しゅみしこう》は人によって異なるものです。特定のものに対して「これは絶対にいい」みたいなことは言えないはずですが、中には強く勧めてくる人もいます。そういうときは注意しましょう。

もっとも、中にはカウンセラーがいいと思うものへ興味を持たれているクライエントもおり、実際、私もよく訊かれます。たとえば、私は神社仏閣巡りが好きなため、SNSに「〇〇に行ってきました」とあげることがありますが、それを見たクライエントの方から「良かったですか？」などと訊かれることがあります。

そうしたとき、私は「いい、悪いに関係なく、私にとってはホッとする場所です」というように事実だけを伝えるようにしています。これは日頃から気をつけていることですが、専門家が「いい」と言うと、無条件に「いい」と思われてしまう可能性があります。ですので、強制的に勧めたと思われない伝え方を心掛けています。メディアの取材でも「具体的にいいものを教えてほしい」と言われることがよくありますが、「あくまでも私が

Column

いいと思うだけで、誰にとってもいいわけではないということも必ず書いてください」とお伝えしたうえで、具体的にあげるようにしています。

個人的にいいと思うものを、選択肢のひとつとして伝えるくらいならいいと思いますが、特定の物を押し付けたり、決め付けたりするのは、専門家として望ましい態度とは思えません。ご注意ください。

また、カウンセリングを占いのようなものとミックスさせてやっている人もいます。占いを否定するわけではありませんし、本人が望むならそれも構わないと思います。ただし、中には石や数珠《じゅず》といった物品の購入を勧めてくることもあります。それは心理カウンセリングには必要のないものだと思います。

このほか、SNSなどで気軽に相談し、それにカウンセラーが応じるといったケースが見られますが、安易に相談しても、得てして根本的な解決には繋がらないものです。簡単に済ませようとして、かえってこじれてしまうこともありますので、慎重に向き合ってください。

◆カウンセラーは診断をして病名を告げることはできない

最後に、カウンセラーは「診断をして病名を告げることはできない」ということも、覚えておいていただきたいことです。

クライエントの中には、医療機関に行くことには抵抗があっても、カウンセリングなら受けるという方がいます。そうした方が「公認心理師なら病名もわかるだろう」と考えて、答えを求めてくることがあります。

しかし、医師でないカウンセラーが病名を決めるようなことを言うのはNGです。今は情報が溢れていますので、精神疾患について詳しく調べたクライエントから「この病気に該当すると思う」などと言われると、「その通りかな」と思うときもありますが、私はそんなとき「その傾向があると思うなら、それに合うケアをしていくことが大事かもしれませんが、具体的な病名については私の立場上お答えできません」といった感じでお答えしています。もちろん、精神科医など医師がカウンセリングを行う場合は、病名を言うことはできます。しかし、それも医療機関など医療行為が

Column

認められる場所でカウンセリングを行うときです。私のカウンセリングオフィスにも精神科医がいますが、医療法人ではなく、民間の法人なので、「鬱《うつ》病だ」「パニック障害だ」「人格障害だ」などと思っても、それを言うことはありません。その精神科医はクリニックにも勤めていますので、病気の診断を希望される場合は、そちらを受診してもらうようにしています。なお、医療行為の認められないカウンセリングオフィスでは、薬の処方せんを発行することもできません。

このように具体的な病気を前提にカウンセリングを進めていく場合は、一度どこかの医療機関で医師の診断を受けてもらう必要があります。こうしたことをきちんと線引きしたうえで、カウンセリングを行うことが大切なのですが、中にはクライエントと適切な距離感を保つことができず、依存関係を強化するカウンセラーもいます。クライエントにしてみれば、居心地がいいと勘違いも発生しやすい環境ですが、違反も辞さない姿勢で行われるカウンセリングが、どこまで適切に行われるかは疑問が残ります。

【まとめ】ここまでの内容を簡単にまとめてみましょう

自己解放して素の自分に戻る時間を持つことは大切なことです。自己解放に繋がる選択肢をたくさん用意しておくようにしましょう。また、身体的な不調はメンタルにも悪い影響を及ぼします。体をほぐすことが、心をほぐすことにも繋がることを覚えておきましょう。なお、つらいときは無理をしないで、専門家に相談することも視野に入れておいてください。

インポスター症候群の人と接するとき

上手に向き合い自己承認を促す

インポスター症候群について、ひと通り理解が深まったと思いますが、「自分は該当しないと思うけど、家族や友人、部下や同僚といった周りの人にインポスター症候群かもしれない人がいる」という方もいると思います。そこで、最後に「インポスター症候群かもしれない」と思われる人との向き合い方をお伝えします。

受容することと共感することが大切

■インポスター症候群と思う人と接するときは受容的な態度を心掛ける

これまで述べてきたように、インポスター症候群に陥っている人は、自信がなく、自分が人を騙しているような感覚を持っています。そうした相手の心情を念頭に置きつつ、話をするときは受容的な態度を心掛けてください。相手のペースにのまれないように、心の距離感を保つことは大切ですが、話の内容、考え方、感情、存在そのものを無条件に受け止めることで、相手は安心して話をすることができます。言葉はもちろん、表情や態度、声のトーンといったノンバーバルコミュニケーションも含めて受け入れる態度を示してください。

また、「インポスター症候群で悩んでいない人は、本物になる努力や本物になるフリが得意なだけで、〝完璧だから悩んでいない〟というわけではない」

ということを伝えてあげましょう。すべてのことを完璧に知っている人や、完璧に行動できる人など存在しないことを、わかってもらうことも大切です。

■相手のネガティブキャンペーン・マイナスブランディングに同調しない

ネガティブキャンペーン・マイナスブランディングについては、既にご説明しましたが、インポスター症候群に陥っている人は、自分の能力やパフォーマンスを否定し、自分自身にマイナスの評価をくだしています。そうした否定的な言葉にフォーカスし、それが正当な評価なのか、必要以上に貶めているところがないかを一緒に考えながら、客観的に見たときのその人と、その人が主観的に見ているその人との〝不一致〟を見つけていくようにしましょう。

そのためには、時には自己開示をすることも必要になります。自分自身の成長過程でどんな壁にぶつかり、どう克服してきたか、そうしたことを伝えると、相手も「自分だけじゃないんだ」と安心感を抱き、心を開きやすくなります。簡単ではないかもしれませんが、寄り添う気持ちで関わるようにしてください。

また、先ほどもお伝えしたように、話を聞くときは「共感はしても同感（同調）はしない」ということも心掛けるようにしてください。

共感：あなたは〇〇な気持ちになったんですね。（相手の感情に焦点をあてる）
↓　話し手である相手軸が主軸となる。
あなたに発生している問題という認識を持たせることができる。

同感：私も同じ意見です。私も同じ気持ちです。
↓　受け手である自分軸が主軸となる。
心の距離が近くなってしまい、強い依存感情が芽生えてしまう。

共感している姿勢で「一緒に解決しましょう」というメッセージを伝えることができると、伴走者としてのポジションが確立されます。しかし、同感しているだけだと依存されてしまう危険性が高まります。

■相手を肯定し、プラスのことにフォーカスする

ネガティブキャンペーンやマイナスブランディングといった相手の〝マイナスの部分〟に同調しないとともに、相手が努力していることや達成したことなど〝プラスの部分〟にフォーカスして称賛することも大切なことです。「自分などたいしたことはない」と言っている人でも、称賛するべきことはどこかにあるはずです。それをきちんと伝えて、相手の素晴らしい一面にも、目を向けさせるようにしましょう。

また、一人の人間として肯定してあげる気持ちを持つことも忘れないでください。人間としての内在する価値を認め、無条件にありのままを受け入れる姿勢を示すことも、相手の自己肯定感を高めることに繋がります。

そして、性別や人種、年齢といった要素は、その人の価値とは関係がないという認識を持たせつつ、自己効力感の構築を促していきましょう。そのように相手を後押しすることで、人生脚本による決め付けやステレオタイプによるパフォーマンスへの不安を緩和できることが明らかになっています。

自己承認を促すようにする

■自己承認を促して、自分自身の真価をきちんと認識してもらう

自分自身を疑う状態に陥るのは、誰にでも起こり得ることです。もっとも、多くの場合、一時的なもので終わりますが、インポスター症候群に陥ると、その心理状態からなかなか抜けられません。成功を収めたとしても、それを運やチームのメンバーのお陰と考え、自分の才能や努力を過小評価してしまいます。

ですので、相手を肯定したり、称賛したりすることは大切なことですが、相手がそうした肯定や称賛を受け入れ、自分で自分のことを認められるように促すことも大切なことです。自分の真価をきちんと認識できることは、インポスター症候群の克服に繋がります。そこで、自己承認を促すコツをお伝えしていきます。

■等身大の自分を見つめてから、未来の自分にフォーカスしていく

自己承認を促すにあたっては、〝現在の自分↓過去の自分↓未来の自分〟といった時間軸を意識することがポイントです。その人の〝今〟があるのは、〝過去〟があるからです。それを受け入れたうえで、〝未来〟に対して目標を持って生きていくように促すのです。

まずは過去を振り返りながら、現在の〝等身大の自分〟を見つめるところからスタートします。過去にはいろいろなことがあったはずです。振り返れば、さまざまな出来事や感情が浮かび上がってくるでしょう。

あのとき、こういうことが起こった……

このときは、すごくつらかったけど、こういうふうに乗り越えた……

その後にこういう嬉しいことがあって、仲間と共有できた……

でもまた、それから落ちていった……

どんな過去があったにせよ、良いことも悪いことも含めて、すべては現在のその人を築き上げたものです。過去の出来事をひとつひとつじっくり振り返ると〝今の自分〟というものが、たくさんの歴史を積み重ねたうえで存在していることを実感し、自分自身の存在に深みを感じられると思います。

そうして過去の自分も含めて、等身大の自分を受け入れることができたら、次は「未来の自分はどういう自分になっていたいか」ということにフォーカスしていきます。未来の自分をイメージしてもらうのです。

過去も含めて今の自分に納得し、認めることができるようになると、自分のことを否定的に捉える気持ちも少しずつ弱まっていきます。そのうえで、「未来の自分はこうありたい」というイメージを持ってもらうと、何かと否定しがちだった気持ちにも変化が生じ、肯定的に捉えられるようになるものです。

歴史を積み重ねてきた自分がいて、今も同じように経験を紡《つむ》いでいる。
未来の自分もこの経験を糧《かて》に前を向いていられるはずだ。

たとえば、このように未来の自分も含めて、自己承認できる気持ちが生じてきます。自分のことを否定的に捉え、過小評価しがちだったのが、未来に向かって肯定的に前向きに捉えることができるようになります。

■相手が自分を認められなければ、無理に認めさせる必要はない

このような形で自己承認を促していくのは、実際にカウンセリングで行われる技法ですが、当然、相手が自分のことを認められない場合もあります。自己承認を促しても、相手が自分のことを否定するなら、それはそれで構いません。認められるようになるには、タイミングがあります。相手が今の自分をNGと思っているなら「まだ自分と向き合うときではない」と理解してあげてください。無理に肯定させたり、肯定するまでとことん付き合ったりする必要はありません。話を終えてしまっても大丈夫です。

自分に自信がなかったり、自己肯定感が低かったりすると、自分で自分のことを認めるのは簡単なことではありません。そこには、もしかしたら人生脚本

の問題があるのかもしれません。リフレーミングやメタ認知コントロールなどで、人生脚本を書き換えられたら、自分を肯定できるようになるかもしれませんが、相手の気持ちがなかなか変わらなかったとしても、それは当たり前のことと認識しておいてください。カウンセリングでも、最初は現在の自分を癒すところから入っていきます。全員が全員、最初から「今の自分を認めてあげましょう」とはなりませんし、無理にクライエントの過去に土足で入り込むようなこともしません。たとえば、客観的に見てもがんばっていることを「こんなにがんばっているじゃないですか」と伝えても、クライエントから「でも全然駄目なんです」といった否定的な言葉が返ってくることはよくあります。そういう状態のときに、自分を認めるように促すことは難しいです。

そういうときは「今、自分の中で起こっている問題は何か?」という方向へ話を掘り下げます。自分を認めることができない原因となっているものを導き出していくわけです。辛いことや悲しいことなど、ネガティブな感情を前面に出されたら、それをすべて受け止めます。否定的な話が延々と続くだけでカウンセリングが終わってしまうこともありますが、それはそれで前に進むための必要なステップです。そうしたことを何回か繰り返すうちに、自然と気持ちも落ち着いていきます。気持ちが落ち着くと、現在の自分とフラットに向き合えるようになりますので、そのときが自分を認めることができるタイミングです。そこでようやく自己承認を促すような話に入っていきます。

■なぜ否定してしまうのかを一緒に考える

このように「相手がどれだけ自分を否定しても受け止める」ということは覚えておいてください。どんどん否定の渦に入っていくなら、それも構いません。そのまま受け止めてください。大切なのは「なぜ否定するのか」を一緒に考えることです。無理に肯定させず、「プラスマイナスゼロに持っていければいい」くらいに思っておいてください。やがて相手が自分を受け入れてくれる環境があることに気づき、安堵できると、自然と心が晴れ、徐々に自分の良さに気づくタイミングがきます。そのときに自己承認を促すようにしてください。

相手の否定的な発言ばかり聞いているのは、つらいことかもしれません。自分の気持ちまで澱《よど》んできたり、力になれないことを不甲斐《ふがい》なく思ったり、すっきりしなくてイライラしたり、相手のことをもったいないと思ったり、いろいろな感情が芽生えてくると思います。しかし、相手もそれだけつらいからこその発言だということは、理解してあげましょう。

落ち込んでいるときに、いくら周りの人が励ましてくれても、「かえってそれが鬱陶しく感じられた」ということは、みなさんも経験したことがあると思います。それと同じように、善意の言葉もすんなり相手の心に届くわけではありません。状況によって受け止め方もまったく変わりますので、辛抱強く寄り添ってあげてください。

もっとも、こうしたカウンセリングで行われるようなことを適切に行うのは、簡単なことではありません。無理をすることで、相手との関係がギクシャクしたり、関係性が壊れてしまったりしたら、かえってマイナスになりかねません。難しく感じられるときは、専門家の力を借りることも考えてみてください。

Column

目標と目的を上手に立てるコツ

◆ゴールに至るまでのサブゴールを適切に設定する

未来の自分の姿をイメージするにあたっては、目標と目的を定めるとイメージしやすくなります。これは人生脚本を書き換えるときにも言えることですが、きちんと目標と目的を持ち、自分の進むべき道をクリアにすることは、心の健康にもプラスに働くことが多いです。

もっとも、目標と目的の立て方にもコツがあります。ただ立てればいいわけではありません。よく大きな目標と目的だけ立てる人がいますが、それは避けた方がいいです。そうすると、達成までの道のりが遠くなってしまい、なかなかゴールに近づかないと、しばしば無力感を覚えたり、自分の至らなさを感じたりすることになります。それが原因で挫折してしまえば、かえってマイナスです。だからといって、目標や目的を小さくすればいいというわけでもありません。大きな目標や目的を設定することは構わないのです。大切なのは、最終的なゴールにたどり着くまでの手軽なゴールとして、サブゴールをいくつも設けることです。

たとえば、経済的な理由で離婚することができない場合、離婚することを目的に、最終的に給料を10万円アップするという目標を持つとします。しかし、特別な資格などもなければ、いきなり10万円アップすることは難しいかもしれません。そこで、まずは2~3万円アップするというサブゴールを設け、あわせて資格の取得も目指します。そうして、2~3万円アップしたら、次は5万円というように、一歩ずつ経済的に自立するための目標を積み上げていきます。地道にサブゴールを達成していくと、そのたびに達成感を得られ、自己効力感も高まります。自然と自信もついていき、離婚という大きなステップにも踏み出しやすくなるでしょう。

このように目的や目標を立てるときは、最終的なゴールへと至る道筋を考えながら、サブゴールをいくつも立てることが大切です。

【まとめ】ここまでの内容を簡単にまとめてみましょう

インポスター症候群かもしれないと思う人と接するときは、受容的な態度を心掛け、話をするときは、同感ではなく共感することを意識してください。また、自分のことを否定せず、認めることができるように、自己承認を促すことも大切なことです。もっとも、自分を否定している状態の人が、自分を認められるようになるには、タイミングがあるということを頭に入れておいてください。

おわりに

私がインポスター症候群について初めて認識したのは、2007年、現在も代表を務めるサロンを立ち上げた頃のことです。モラルハラスメントやドメスティックバイオレンスの被害者を支援する中で、傍目《はため》にはとても素敵に見えるのに、自分のことを過小評価したり、否定したりする女性に出会い「どうしてなのだろう?」と思い、調べたことがきっかけでした。

当時、インポスター症候群は日本ではほとんど知られていませんでしたが、今から思えば、私自身もインポスター症候群ではないかと思うような経験をしていた時期でもありました。ちょうどその頃、メディアに取り上げていただけるようになったのですが、置かれていた環境が劇的に変わり、一見華やかに見えても、あまりの変化に戸惑うことが多く、恐れすら覚えたものです。

あの頃からは世相も大きく変わりました。人間の本質自体は変わっていないと思いますが、今は簡単に持ち上げられ、すぐに手のひらを返したように落とされることが、当たり前のように起こります。それは心の不調を招く原因にもなりますが、誰もが自分の意見を自由に表明しやすくなった社会で、こうした流れが簡単に止まることはないでしょう。私はインポスター症候群への陥りやすさが、今後ますます加速されていくのではないかと懸念しています。

そうした中、インポスター症候群に苦しむ方の少しでもお役に立てばという思いで、伝えられる限りのことをお伝えしました。簡単にはできないと思われたこともあるかもしれませんが、気になったことだけでも構いません。ぜひ日常生活の中に取り入れてみていただければと思います。

最後までお読みいただき、誠にありがとうございました。

皆様が心穏やかに過ごされるための一助となることを願っております。

2023年5月　小高千枝

装 丁：bookwall

著者紹介

小高 千枝（おだか・ちえ）

メンタルヘルスケア＆マネジメントサロン代表・公認心理師

絵本作家になりたかった夢と、人格形成における人間の心に触れたいとの思いから幼稚園教諭として従事した後、一般企業にて人事、秘書、キャリアカウンセラーを経験し、人に寄り添うことをキーワードに社会経験を積む。同世代の女性の気持ちに寄り添うカウンセリングを中心に、メンタルケアの分野の幅を広げ、多くの女性が悩む男女関係、モラルハラスメント、DV、ダイエット依存、対人コミュニケーションなどの個人カウンセリング、企業における自己実現やセルフマネジメントのサポート、ウェルビーイング、メンタルトレーニングなどを行う。さまざまなメディアでも活躍しており、これまで多数のテレビに出演してきたほか、雑誌などで執筆するコラムも好評。著書に『心理カウンセラーが教える 本当の自分に目覚める体癖論』（主婦と生活社）など。

【公式サイト】2023年6月現在

- 小高千枝 メンタルヘルスケア&マネジメントサロン
  https://odakachie.com/
- Twitter
  https://twitter.com/odakachie
- Instagram
  https://www.instagram.com/odakachie/?hl=ja
- Blog
  https://ameblo.jp/ych202

本当の自分を見失いかけている人に知ってほしい
インポスター症候群

令和5年7月29日　第1刷発行

著　　者　小高 千枝
発 行 者　東島 俊一
発 行 所　株式会社 法 研
〒104-8104 東京都中央区銀座1-10-1
https://www.sociohealth.co.jp
印刷・製本　研友社印刷株式会社

0102

ISBN 978-4-86513-924-2　C0077　定価はカバーに表示してあります。

乱丁本・落丁本は小社出版事業課あてにお送りください。

送料小社負担にてお取り替えいたします。